CIÊNCIAS CRIMINAIS
direito e segurança

Flavio Goldberg
Valmor Racorti

CIÊNCIAS CRIMINAIS
direito e segurança

PREFÁCIO
Michel Temer

Copyright © 2021 by Editora Letramento
Copyright © 2021 by Flavio Goldberg
Copyright © 2021 by Valmor Racorti

Diretor Editorial | **Gustavo Abreu**
Diretor Administrativo | **Júnior Gaudereto**
Diretor Financeiro | **Cláudio Macedo**
Logística | **Vinícius Santiago**
Comunicação e Marketing | **Giulia Staar**
Assistente Editorial | **Matteos Moreno e Sarah Júlia Guerra**
Designer Editorial | **Gustavo Zeferino e Luís Otávio Ferreira**
Conselho Editorial | **Alessandra Mara de Freitas Silva; Alexandre Morais da Rosa; Bruno Miragem; Carlos María Cárcova; Cássio Augusto de Barros Brant; Cristian Kiefer da Silva; Cristiane Dupret; Edson Nakata Jr; Georges Abboud; Henderson Fürst; Henrique Garbellini Carnio; Henrique Júdice Magalhães; Leonardo Isaac Yarochewsky; Lucas Moraes Martins; Luiz Fernando do Vale de Almeida Guilherme; Nuno Miguel Branco de Sá Viana Rebelo; Renata de Lima Rodrigues; Rubens Casara; Salah H. Khaled Jr; Willis Santiago Guerra Filho.**

Todos os direitos reservados.
Não é permitida a reprodução desta obra sem aprovação do Grupo Editorial Letramento.

Dados Internacionais de Catalogação na Publicação (CIP) de acordo com ISBD

G618c	Goldberg, Flavio
	Ciências criminais: direito e segurança / Flavio Goldberg, Valmor Racorti. - Belo Horizonte, MG : Letramento ; Casa do Direito, 2021. 160 p. ; 15,5cm x 22,5cm.
	Inclui bibliografia. ISBN: 978-65-5932-112-4
	1. Direito. 2. Ciências criminais. 3. Segurança. I. Racorti, Valmor. II. Título.
2021-3361	CDD 340 CDU 34

Elaborado por Vagner Rodolfo da Silva - CRB-8/9410

Índice para catálogo sistemático:
1. Direito 340
2. Direito 34

Belo Horizonte - MG
Rua Magnólia, 1086
Bairro Caiçara
CEP 30770-020
Fone 31 3327-5771
contato@editoraletramento.com.br
editoraletramento.com.br
casadodireito.com

Casa do Direito é o selo jurídico do Grupo Editorial Letramento

7	INTRODUÇÃO
9	PREFÁCIO
10	POLÍCIA TRAÇA NOVO PERFIL CRIMINOSO
12	*SERIAL KILLER* E O PENSAMENTO NÔMADE
14	O PAPEL SOCIAL DA POLÍCIA MILITAR NA SOCIEDADE LÍQUIDA
16	CRIME EM MUTAÇÃO E O DIREITO
18	A VIOLÊNCIA SOCIAL E O DIREITO CONTEMPORÂNEO
20	O PAPEL DA SEGURANÇA NA ESTABILIDADE SOCIAL
22	MEDIAÇÃO E FORÇA NO COMBATE AO CRIME
24	SEGURANÇA NO UNIVERSO DA INSEGURANÇA
26	GAMER NO CRIME PANDÊMICO
28	A PLASTICIDADE DO CRIME NA PANDEMIA
30	A MEDIAÇÃO COMO INSTRUMENTO POLICIAL DE VIDA
32	SELVA DIPLOMÁTICA
33	MEDIAÇÃO, A JUSTIÇA HUMANIZADA
35	A SEDUÇÃO TOTALITÁRIA E O ESPIRITO DA LEI
37	O ESPIRITO DO EXÉRCITO E DA CASERNA
40	A CELEUMA DA SOBERANIA NACIONAL
43	A VACINAÇÃO ENQUANTO DEVER DO ESTADO E DO CIDADÃO
45	PSICOLOGIA NO CAMPO DO DIREITO
47	PRESIDENCIALISMO ARRUÍNA HARMONIA ENTRE OS PODERES
49	GRAVAÇÃO ILEGAL FERE CONSTITUIÇÃO E CIVILIDADE

51	O SAGRADO E O PROFANO NO STF
53	AMAZONAS: A NOSSA FRONTEIRA DO FUTURO
55	O BRASIL EM FACE AO MUNDO EM TRANSE
57	DISCRIMINAÇÃO NA PANDEMIA REVELA SOCIEDADE SEPARATISTA
59	CÉLULAS CRIMINOSAS E SUAS VIRAIS VARIANTES
61	CULTURA DA DEFESA E O EQUILÍBRIO INSTITUCIONAL
63	O PODER E SUAS COMORBIDADES NO GRUPO DE RISCO
65	VEM A GUERRA MORNA E O DIREITO INTERNACIONAL
67	O PODER SEM VOTO PAUTA A NAÇÃO
69	INCIDENTES CRÍTICOS: SUAS FASES, ESPÉCIES E CARACTERÍSTICAS
78	PROPOSTA ESTRATÉGICA PARA ATUALIZAÇÃO, DIFUSÃO E EMPREGO DA DOUTRINA DE GERENCIAMENTO DE INCIDENTES NA POLÍCIA MILITAR DO ESTADO DE SÃO PAULO
112	INFORMAÇÃO E INTELIGÊNCIA APLICADAS AOS PROCESSOS DECISÓRIOS EM INCIDENTES CRÍTICOS
126	PROTOCOLO BÁSICO PARA SUICÍDIO POR POLICIAL
129	SUICÍDIO POR POLICIAL: UM TEMA DE ALTA COMPLEXIDADE E BAIXA PUBLICIDADE
131	A POLÍCIA MILITAR E A PROTEÇÃO DE AUTORIDADES DURANTE A COPA DO MUNDO
138	A ATUAÇÃO DAS FORÇAS POLICIAIS NO COMBATE ÀS DROGAS
153	SEGURANÇA PÚBLICA E DIREITO À SAÚDE MENTAL
155	O HAITI E A VIOLÊNCIA ENQUANTO METÁSTASE
157	CRIME E SEGURANÇA NA CAPILARIDADE MUNDIAL

INTRODUÇÃO

> *"Para que o forte não oprima o fraco, para fazer justiça ao órfão e à viúva, para proclamar o direito do país em Babel (...), para proclamar as leis do país, para fazer direito aos oprimidos, escrevi minhas preciosas palavras em minha estela e coloquei-a diante de minha estátua da justiça".*
>
> Hammu-rabi, Código de Hamurabi.

Conan Doyle, genialmente, ao criar seu personagem clássico Sherlock Holmes introduziu através da literatura policial o próprio espírito da lógica como instrumento cientifico nos estudos do Crime.

Os avanços extraordinários dos recursos tecnológicos da civilização trouxeram paralelamente ao bem-estar social elementos sofisticados para o exercício do crime, selvagem ou organizado, no Brasil e em todo o mundo.

Ao reunirmos em forma de livro, uma espécie de cut-up, artigos e reflexões sobre o Direito e a Segurança partimos de artigos publicados na mídia, que tratam das questões gravíssimas que transformaram o medo e até o pânico provocados por bandidos, individualmente ou em grupos, num sentimento generalizado na nossa população.

E ao mesmo tempo a aflição das respostas jurídicas, policiais, políticas, psicológicas, religiosas passou a ser uma temática cotidiana na vida das pessoas.

As estatísticas que medem o grau desta instabilidade quanto ao perigo representado por todo elenco criminoso sinalizam o Brasil como um dos países apontados como de maior risco, o que aliás é matéria que merece discussão.

Mas o fato objetivo é de que enfrentar as nuances e sutilezas das disputas de uma nação continental convida a apreciação e sutilezas rotineira das circunstancias cuja dinâmica e mobilidade por vezes apresentam o aspecto do caleidoscópio de uma autentica *Kulturkampf*.

Resolvemos selecionar os trabalhos que em nosso parecer, na complexidade dos assuntos formam a placa tectônica de uma discussão sobre a proposta de "pensar o crime" cuja sensata não pode ser propriedade do infrator da civilidade.

Acreditamos que assim, na feliz conceituação de Jorge Luiz Borges, o leitor será mais importante que os autores pois a ele caberá a tarefa de montar o quebra-cabeça cuja harmonia simétrica deve compor a proteção da cidadania no Estado Democrático de Direito.

FLAVIO GOLDBERG

VALMOR RACORTI

PREFÁCIO

Flávio Goldberg tem uma extraordinária produção acadêmica que se reproduz nos variados artigos que publica pela imprensa. Sempre temas da maior relevância e de grande interesse para todos aqueles que se preocupam com a manutenção da ordem jurídica e, particularmente, com a segurança pública.

Não é sem razão que se associou ao Tenente Coronel da Polícia Militar do Estado de São Paulo Valmor Saraiva Racorti para publicar este trabalho.

Ambos têm sólida formação acadêmica. Flávio, graduado em Direito e Pós-Graduado que se especializou em Direito Processual Civil obtendo o título de Mestre em Direito pela Faculdade Autônoma de Direito de São Paulo, FADISP. Professor de Direito na Faculdade das Américas dedicou-se à advocacia e à consultoria jurídica em seu escritório atuando como Coordenador do Grupo de Direito, Psicologia e Comunicação na Academia Paulista de Direito. Autor de vários livros como "Direito: Dialética da Razão" e "Mediação em Direito de Família: Aspectos Jurídicos e Psicológicos". É conferencista aplaudido por todos que o ouvem.

O Tenente Coronel Valmor Racorti é graduado em Direito pela UNISUL, bacharel em Ciências Sociais de Segurança e Ordem Pública e Mestre nessa matéria.

Daí a oportunidade dessa parceria trazendo a público várias meditações fruto de sua experiência. Abordam com originalidade a violência das ruas e os conflitos do sistema judiciário. Este trabalho que trata do feminicídio, do suicídio, das crises pandêmicas e outros tantos revelam um olhar privilegiado sobre o crime e a importância do seu enfrentamento científico. Pensar o crime, como dito na introdução, não pode ser propriedade do infrator da civilidade. Há de ser esmiuçado cientificamente como se faz neste livro.

Recomendo a sua leitura na certeza de que dela resultará aprendizado.

MICHEL TEMER

POLÍCIA TRAÇA NOVO PERFIL CRIMINOSO

Historicamente, a ciência criminal, segmento fundamental para a Justiça e a aplicação do Direito, constata o que poderíamos denominar "metamorfose do crime", ou seja, aquilo que sob determinadas circunstâncias caracteriza o *modus operandi* do criminoso.

Os grandes fenômenos que atingem a sociedade e as transformações radicais no comportamento implicam em aumento, diminuição e inúmeras outras formas e conteúdos no ato que atenta contra os princípios da lei.

Vivemos um período trágico cuja enormidade destrutiva pode ser comparada às guerras mundiais.

O número de vítimas, milhões de pessoas doentes e mortas, a saúde pública e privada sucateada pelo impacto da Covid-19, correm paralelos com realidades políticas, geográficas, tecnológicas que se impõem de forma vertiginosa.

Basta citar, como exemplo, o caso das redes sociais: o *hacker*, a instantaneidade e simultaneidade na comunicação.

Claramente, trata-se de uma autêntica e profunda ruptura nas escalas de valores e procedimentos, tanto para o cidadão comum, respeitante dos princípios legais, como do criminoso, incapaz de se submeter às normas de frustração e contenção que a complexidade social exige.

O Estado democrático de Direito, na conformidade da Constituição da República, normatiza os limites da ação do aparelho governamental, assegurando as liberdades fundamentais que dignificam o ser humano e é nesse espaço que a ciência criminal deve evoluir para responder os dramáticos desafios contemporâneos.

O que importa é a demanda do sistema de segurança do país. Através dos governos municipais, estaduais, federal e das Forças Armadas deveria se traçar a mutabilidade desse novo perfil criminoso que emerge individualmente ou em formas organizadas de quadrilhas.

Essas facções pensam, agem e respondem de forma eficaz aos controles que forjam a proteção da cidadania e do bem público efetuando roubos, matando, traficando drogas, prostituindo e aproveitando as ruínas provocadas pela pandemia.

Na cadeia vertical de comando e horizontal de influência que corrompe os valores morais da civilização, existem o comércio de imigração ilegal, o uso de trabalho escravo e assaltos aos institutos legais que têm uma escalada que vai desde o vendedor de cocaína até a lavagem de dinheiro e do meliante da periferia até o político ou banqueiro sofisticado.

É um autêntico apocalipse, que metralha nos conflitos armados até os escaninhos ocultos de objetivos transacionais e que pode derrubar o mercado financeiro ou quebrar o sistema protetivo da saúde.

A criação de um Sistema Nacional de Gerenciamento de Incidentes, como já difundido no exterior, pode e deve ser a pedra fundamental para a padronização de enfrentamento não só do crime consumado, mas das antecipações de ações da bandidagem.

Enfim, necessitamos da ampliação do conceito de "segurança pública" para "segurança multidimensional", com integração dos três poderes (Legislativo, Executivos e Judiciário) e suas respectivas instituições; além da criação de um Sistema Nacional de Gerenciamento de Incidentes (como já difundido no exterior), que pode e deve ser a peça fundamental para uma metodologia de atuação organizada de enfrentamento não só do crime consumado, mas das antecipações de ações como prevenção, evitando, assim, um atraso caso aconteça o crime.

FLAVIO GOLDBERG, VALMOR RACORTI
(*Conjur* - 6 abr. 2021)

SERIAL KILLER E O PENSAMENTO NÔMADE

Nos estudos complexos e sofisticados que se fazem sobre a conduta criminosa, uma das questões que chama a atenção e causa polêmicas e celeumas que tentam desvendar as causas, formas, conteúdos e estilos de procedimento é o que se convencionou denominar de *serial killer*.

A própria expressão, mantida em inglês já fornece uma pista de que se trata de ocorrência com frequência e requintes de modalidades muito presentes na cena social norte-americana, embora, obviamente, aconteçam em todos os países com peculiaridades como no caso brasileiro.

Se o crime de forma genérica é causado pelas circunstâncias sociais e biografias da formação pessoal ou se existe uma programação filogenética que divide de maneira radical os que se dedicam ao mister, seja teoricamente, seja os que por natureza de ofício se dedicam ao enfrentamento direto através da repressão, investigação, prevenção, no campo policial.

De qualquer perspectiva, uma fonte relativamente recente tem merecido atenção dos neurocientistas aquilo que os filósofos as vezes classificam como "pensamento nômade".

Se existe o consenso, relativamente, geral de que predomina um pensamento obsessivo, compulsivo na arquitetura das formas repetitivas, se interroga a alternativa paradoxal de que poderia também ocorrer algo que desencadearia uma resposta no cérebro do criminoso quando divagando sem um objetivo cognitivo explícito.

Um grupo de estudos do Darmuth College nós E.U.A. realizaram pesquisa para constatar se o sistema basal default teria ligação com os pensamentos divagantes.

Ora até a literatura policial no campo da ficção já agendou situações em que o "serial killer", neste estado conectaria o passado, presente e futuro, de maneira a preencher o "vazio" do pensamento organizado.

Estamos diante da sutileza que define a contingência que pode auxiliar enquadramento de uma fórmula criminosa, traumático impacto comunitário.

Os desenvolvimentos combinados das ciências criminais no Brasil abrem linhas de pesquisas que facilitem no entendimento desta fronteira de subjetividade com mais elementos tudo o que cerca este como os demais crimes contra a vida.

FLAVIO GOLDBERG, VALMOR RACORTI
(Blog do Fausto Macedo – *Estadão* – 01 jul. 2021)

O PAPEL SOCIAL DA POLÍCIA MILITAR NA SOCIEDADE LÍQUIDA

A pandemia que assola o mundo e, no caso, ao que concerne ao Brasil colocou de forma intensa e dramática algumas teses sociológicas e estudos de psicologia de massa que atualizam ideias expostas por Zygmunt Bauman, englobadas de conteúdo sob a expressão *sociedade líquida*.

Com o propósito de levantarmos aqui questões oportunas abrimos com uma frase lapidar do pensador: "Tudo é mais fácil na vida virtual, mas perdemos a arte das relações sociais".

Ora, a associação imagética entre a função da Polícia em geral e da Polícia Militar em particular está caracterizada pela chamada "ação de presença", assim entendido o agente da Lei, fardado, armado, atuando, diretamente, contra o crime na preservação dos princípios civilizatórios, organizados e sob os fundamentos do Direito e da Justiça.

No universo complexo em que o trânsito vertiginoso das ocorrências urbanas se sucedem, de forma construtiva mas também na marginalidade corrosiva da destruição seja de vidas, de estruturas, de ordem comunitária se contrapõe num de-repente pela ameaça de um caos provocado pela Covid19, se aguarda duma entidade poderosa, disciplinada, com capilaridade e compromisso ético um papel social criativo e humanista no esforço pela saúde da população, resguardo da essencialidade de sobrevivência que eleva à patamares extraordinários a importância histórica de seu desempenho.

As funções reconhecidamente de assistência social por seus diversos instrumentos de ação já se incorporam ao cotidiano de São Paulo.

Importa consignar neste registro itens básicos para que este processo se transforme numa realidade pós-pandêmica e, portanto, pertinente.

Referenciando:

- Gerenciar as ações e operações de todos os órgãos envolvidos em um sistema de comando e controle de incidentes, como o ICS/NIMS americano.
- Aplicar os conceitos de superinformação, evitando boatos e "fake News".
- Conhecer, estabelecer e informar as limitações do serviço.
- Conscientização da força policial e de segurança.
- Segurança física e mental dos agentes de segurança pública Em verdade o crime e a transgressão se apresentam na metamorfose impressionante que uma narrativa cinematográfica nos apresenta, diariamente, pela TV, internet, nas ruas, nas casas, nas escolas, nos hospitais, nos templos, enfim no pulsar vivo de um cotidiano que, paradoxalmente, invade o próprio confinamento.

O "comportamento delivery" suscita para nós lições aprendidas que irão fertilizar as missões futuras.

Ordenar o fluxo das pessoas evitando aglomerações sem violentar os direitos políticos, são margens de uma nova travessia que fica o registrado as lições aprendidas face a pandemia para atuações futuras.

Encarar os desafios impostos por uma crise sem precedentes é uma condição de ajustar a função da Polícia Militar de São Paulo à sua trajetória de corresponder às demandas de uma coletividade carente de segurança com o elevado sentido de "SALVAR VIDAS".

FLAVIO GOLDBERG, VALMOR RACORTI
(Blog do Fausto Macedo – *Estadão* – 20 jan. 2021)

CRIME EM MUTAÇÃO E O DIREITO

Não se pode e, principalmente, não se deve cometer o engano de enfrentamento do crime organizado e o selvagem, na pandemia e no pós-pandêmico com os instrumentos jurídicos ultrapassados pelo caos social da tragédia ocasionada pela Covid19.

O fato numa dimensão quase inconcebível é que a civilização tal como se configurava, em seus contrastes e confrontos desmoronou as expectativas dum desenvolvimento linear e progressivo. Uma ruptura vertical no tempo histórico paralisou a sociedade e o indivíduo. A proposta de trabalho e estudo foi substituída pela inércia, com as consequências psicológicas e sociológicas traumáticas do pânico e da contingência labiríntica.

A Organização Mundial da Saúde e os Poderes federais, estaduais, municipais, Executivo, Legislativo, Judiciário sofrem para compor as respostas às crises que se sucedem em todas as orbitas do organismo comunitário.

Diante está realidade urge encarar um processo metastático em andamento que agrava, perturba, ameaça as tentativas de ordenamento e superação da crise: a inteligência, criatividade e ação do crime em mutação e nas formas promovidas por este "stress" que sacrifica a Justiça e o Direito.

A busca de soluções convocando os sistemas de saúde público e privado, o auxílio emergencial, o cotidiano do cidadão, os meios de comunicação, mídia e internet, o próprio funcionamento governamental com o indivíduo, mantendo o distanciamento social, a máscara, e coroando o processo a indústria farmacêutica, os laboratórios, a vacinação, nestes escaninhos o crime se manifesta, de formas sutis com brutalidade.

Drogas de efeitos cada vez mais potentes e o tráfico na imaginação do "delivery" urbano e internacional, corrupção desenfreada atrás de bilhões de reais que vão irrigando políticas de proteção social, crimes em família dadas as convivências forçadas e o comportamento enclausurado, desordem dos esquemas financeiros com a quebra de mais de

400 mil empresas e o desamparo de milhões de jovens, num ócio assemelhado à prisão e sob noticiário apocalíptico.

Em certa circunstância histórica, a UNESCO elaborou diplomas internacionais para a proteção do patrimônio mundial, cultural, e natural contra o crime organizado, 14 de novembro de 1970.

Outra convenção internacional está visando combater o mercado ilícito de obras de arte é a que visa o retorno de objetos roubados e ilegalmente exportados, UNIDROIT, Roma, 1995.

São exemplos do que, apressadamente, a nível interno, no Brasil e em intercâmbio com outros países e órgãos internacionais precisam de elaboração concreta.

O "Kit vacina" que convida o endinheirado a viajar para o México, quarentena, imunização em Miami e retorno, formula hollywoodiana de "furar a fila" é um exemplo da tênue linha que separa o legal do imoral, a ética, a estética e a eventual bandidagem que frequentemente se esconde para fugir das malhas da Lei. A timidez na resposta a este desafio custa vidas humanas e desarranjo dos pactos civilizatórios que precisam ser apurados e defendidos, cientificamente.

FLAVIO GOLDBERG, VALMOR RACORTI
(Blog do Fausto Macedo – *Estadão* – 03 jun. 2021)

A VIOLÊNCIA SOCIAL E O DIREITO CONTEMPORÂNEO

A violência como instrumento de poder é uma linguagem destrutiva na ordem social do Estado democrático de Direito e se manifesta frequentemente através do terrorismo em suas diversas modalidades, desde bélicas até as mais sofisticadas nos campos da cultura.

Uma conquista fundamental do humanismo é a integridade da vida pessoal.

Independentemente de qualquer diferença de nacionalidade, religião, etnia, gênero, a manutenção da vida é um princípio pétreo não é só da Constituição e da Declaração Universal da ONU como também está enraizado no consenso pacifico do Estado moderno.

Infelizmente, em paralelo a este esforço de sublimação da agressividade perversa, constatamos o crescimento do fenômeno terrorista em suas múltiplas formas anárquicas e metastáticas, estilo atuando no sentido do niilismo fanático, obsessivo criminoso.

Algumas de suas ações sacodem e movimentam a turbulência que perturbam o progresso do Brasil, armazenando destrutividade e ódio.

Neste elenco sofisticado e complexo o Direito encontra um dos seus maiores desafios para caracterizar, enquadrar e punir os responsáveis. Senão, vejamos:

Organizações de aparência legal que agem na rasteira do crime organizado, para a lavagem de dinheiro obtido, criminosamente, através da corrupção, contrabando, sequestro, tráfico de drogas e todas as outras modalidades clássicas de atuação.

Grupos políticos infiltrados em todas as instâncias de poder, muitas vezes com programas ideológicos que dão cobertura e são financiados e apoiados por entidades que vão de partidos políticos até segmentos religiosos, muitas vezes de caráter internacional.

Margaret Meat argumentou que as exigências das culturas sobre suas participantes são mais suportáveis para algumas pessoas que para outras.

Os agrupamentos milicianos que instauram uma ordem particular de violência impõem em largas camadas da sociedade autênticos impérios particulares, com o monopólio de controle de Polícia e Justiça.

O equilíbrio de ordem e autoridade incomoda certas parcelas da comunidade que insiste em uma formula magica de liberdade sem limite que acaba justificando todo e qualquer comportamento transgressor desde aquele do "hacker" e da "fake news" até o crime contra a mulher e a criança, os vulneráveis e isto, paradoxalmente, em nome da defesa dos princípios democráticos.

O terrorismo como linguagem de brutalidade que ocupa seus espaços em todos os quadrantes sociais, saúde, educação, mídia, mapeando um urbanismo de difícil controle.

Incendiar um automóvel numa via pública, uma bomba Molotov artesanal, uma notícia falsa, são capazes, todas essas formas de terrorismo, caseiro ou industrializado de promover o caos, com sofrimento e morte.

A música popular que glorifica a droga é o exemplo emblemático de como se forja uma espécie de contrarrazão ao apelo do comportamento civilizado e ordeiro.

Se pensarmos no Brasil como um país de tecido migratório intensos saberemos o risco do terrorismo se impor como formula alternativa de Poder e a necessidade de combate inteligente contra esta ofensiva.

**FLAVIO GOLDBERG,
VALMOR RACORT.**

Migalhas 27 mae. 2021

O PAPEL DA SEGURANÇA NA ESTABILIDADE SOCIAL

A pandemia provocada pelo vírus, Covid19, tem sido, frequentemente, comparada à guerra por várias razões.

"Vencer esta batalha", "Profissionais na linha de frente", vitimado perde o combate" e assim por diante.

Entender e dissecar os fenômenos sociais é função inicial para enfrentar e superar os desafios que apresentam.

Cremos necessários distinguir a pandemia do conceito clássico de guerra, como conflito bélico entre nações ou a guerra civil, na própria construção do país.

Na pandemia só existe um lado perdedor que é a população desarmada, no caso de medicamentos capazes de curar a moléstia, contando, unicamente, mas nem por isto de forma insignificante com a possibilidade de evitar o golpe fatal, através da providencia preventiva que é a vacina.

Todas outras medidas, tais como exemplo, o "lockdown", a máscara, as medidas obrigatórias de suspensão periódica de atividades equivalem à recuos, com perdas econômicas, psicológicas, culturais e, finalmente, letais, todas de natureza a instaurar o clima patético do medo, insegurança e sintomas persecutórios até a paranoia.

Nesta circunstância, abrem-se brechas nas estruturas sociais para uma atuação agressiva do crime em todas modalidades, inclusive o denominado crime organizado, bem como o terrorismo político, religioso, étnico além da exploração dos órgãos de saúde, através da corrupção disseminada.

Este quadro caótico exige que a Polícia, no sentido jurídico e humano o mais amplo estabeleça sistemas orgânicos, articulados e criativos que emprestem à cidadania no Estado Democrático de Direito, um mínimo de conforto diante das ameaças de desordem e crime para manutenção das rotinas essenciais ao fundamento civilizatório de um país das dimensões continentais como do Brasil.

A proteção da vida de cada pessoa em sua inteireza, do seu patrimônio, das garantias conferidas pela Constituição da Republica assegurada passa a ser requisito prioritário para os agentes e organismos públicos de Polícia, se estendendo desde estudos e medidas preventivas até ação de presença tanto pacificadora como de repressão.

Esta vigilância e procedimento são básicos, principalmente, na proteção aos mais frágeis e vulneráveis tais como crianças, idosos, doentes, e em geral os despossuídos de recursos de defesa diante da agressividade do crime e do terror sempre prontos a agirem, covardemente, para aproveitamento de uma situação inédita e metastática de calamidade como a pandemia.

Conforme o texto bíblico "Ao fim de três dias, os policiais passaram pelo acampamento e ordenaram ao povo dizendo: Quando virdes a Arca da Aliança do Eterno, vosso Deus, e os sacerdotes-levitas carregando-a, parti vós também do vosso lugar e segui-la".

A lição da História e, principalmente, dos seus momentos críticos é que os princípios de ordem grupal e convivência comunitária dependem do consenso imposto pela certeza subjetiva da autoridade.

FLAVIO GOLDBERG

VALMOR RACORTO

(Blog do Fausto Macedo – "*Estadã*" - 14 maie 2021)

MEDIAÇÃO E FORÇA NO COMBATE AO CRIME

Este é um exemplo em carne viva dum episódio ocorrido na metrópole paulistana que poderia ter terminado ematragédia, mas através do diálogo conduzido com critérios científicos de persuasão se resolveu, pacificamente.

Esta ordem de acontecimentos aumentados pela realidade sócio econômica que o país vive demanda o preparo humanista dos quadros policiais que devem intervir, conscientemente, para o desfecho respeitante à sensibilidade dos direitos de cidadania e a repercussão no próprio equilíbrio da cidade.

Na polarização extrema dos condutos insidiosos do crime organizado e mesmo do crime selvagem, quadrilhas e bandos ou até individuais cabe citar a infiltração, manobra e, finalmente, violência do que podemos considerar uma órbita de "Estado de narco-aparelhagem".

Sabemos que em todos países, em exceção, numa capilaridade que se inicia com a produção e vai até o consumidor final, numa linha quase "tayloriana" de industrialização, bandidos de colarinho branco ou os matadores de aluguel, através de lavagem de dinheiro promovem um processo horizontal que contamina a comunidade, escolas, bancos, hospitais, política, religião, enfim em que nenhuma faceta escapa até a horizontal que penetra nos escalões de poder, de forma infiltrada e por isto, perniciosa.

Este o crime ou, se preferirmos, os crimes em que não se admite a mediação.

Este o lado perverso que cada vez mais exige tática de guerra, porque é de guerra que se trata, no sentido de milhões de vidas arruinadas pela cocaína, maconha, corrupção, redes de exploração de prostitutas, enfim aquilo que a imaginação mórbida é capaz de criar para ganhos milionários a custa do sofrimento de inocentes, de famílias e corrosivo para a nação.

Nesta conjuntura, somente a inteligência científica e o empenho de corpo-a-corpo pode rastrear, localizar e eliminar os focos disfarçados e as vezes quase escancarados daqueles que se dispõe a destruir o pacto de civilização que sustenta a própria democracia, segundo o espírito da Constituição.

Retirar das trevas e da clandestinidade os elementos que circulam com sua brutalidade e violência é uma tarefa que se harmoniza com a necessidade de um desenvolvimento orgânico e articulado do Estado à serviço do cidadão.

Estas as duas faces do sistema policial à serviço da Lei como instância protetiva da sanidade social garantindo que a vida se sobrepuja à destruição dos valores morais e materiais que asseguram a estabilidade da Nação, inclusive e principalmente em épocas de "stress coletivo".

FLAVIO GOLDBERG, VALMOR RACORTO
(Blog do Fausto Macedo —*"Estadã"*— 22 mar 2021)

SEGURANÇA NO UNIVERSO DA INSEGURANÇA

Viver é perigoso, cada um a seu modo e estilo Guimarães Rosa e Fernando Pessoa, nos advertem com graça sabedoria e profunda razão.

Os 51 anos do COE (Comandos e Operações Especiais) comemorado nos convidam a emprestar especial significado no momento histórico no memento que estamos passando, no Brasil e no Mundo, no papel deste significante na Policia Militar de São Paulo por sua tradição, propósitos e envergadura.

Tropa qualificada se dedica ao mister de operações a onde a coragem, a inteligência científica, se somam ao espírito individual de profundo engajamento pela segurança em clima insegurança, ameaça, perigo, em que dor, sofrimento, morte pairam na convergência que não admite hesitação.

Mergulhar em rios e mares nas condições mais adversas, fazer a busca e resgate de pessoas perdidas em matas, se embrenhando por verdadeiras armadilhas de natureza selvagem, salvar sobreviventes de aeronaves acidentadas em terrenos de quase impossível acesso que precisa se tornar possível.

São algumas das tarefas que, diuturnamente, desafiam o esforço de homens e mulheres dedicados a nobre missão de salvar vidas.

Desde 1970, o COE, tropa do 4º Batalhão de Choque da Policia Militar atua, com firmeza exemplar no combate ao narcotráfico e ao crime organizado.

Cientes da potência destrutiva dos elementos capazes de ameaçar a sociedade, cada vez com instrumentos mais aperfeiçoados de violência, brutalidade, efeito corrosivo no país, os componentes do COE merecem a gratidão e o louvor da comunidade, mormente, pelo caráter distinto da preservação da vida.

Este papel vai crescer diante da multiplicidade expansão do incerto, insólito, na vida das aglomerações verticais e acampamentos horizontais da concentração urbana, em São Paulo, no Brasil e no mundo.

Para tanto a poética e a Utópica exigem a pragmática da ação concreta.

Em todo mundo a tendência dos sistemas articulados de segurança vão caminhar na direção de organizações altamente flexíveis na competência de rastreamento do terreno.

Isto implicana multifacetada aplicação de operações concatenadas e ao mesmo tempo com grau de autonomia amplo nas condições de intervençãoDda geopolítica, e aí lembramos as lições do general Mario Travassos até o nosso clássico Euclides da Cunha.

Realmente, a natureza, a gente brasileira e nossa cultura mapeiam uma conduta modelar de polícia, no dever e direitos da cidadania.

FLAVIO GOLDBERG, VALMOR RACORT
(Blog do Fausto Macedo – "*Estadã*" – 12 mare 2021

GAMER NO CRIME PANDÊMICO

Cada época tem seu crime: paradigmático que comprova a tese de que o crime é um ato social, transcende os limites do indivíduo e deve ser compreendido no seu entorno cultural.

Guilherme Alves Costa, jovem viciado em jogos de vídeo game, assassina com requintes sádicos Ingrid Bueno, com que mantinha contato, virtualmente, moradora de Pirituba, traumatizando a opinião pública pelas características do perverso comportamento.

No caso o que singulariza o crime é o pathos da pandemia que se reflete no livro que pretende mesclar uma proclamação política-ideológica contra o cristianismo e uma obra literária.

Na realidade, o produto da mente mórbida de uma perversidade criminosa.

A leitura detalhada do documento, prova, confissão é uma narrativa característica que traduz o mundo ameaçador e paranoide da Covid-19 e a "guerra" que, literalmente, G. A. C. trava contra o "sistema" e cuja teoria conspiratória alveja sua vítima indefesa, I.B.

O texto insiste de maneira obsessiva e desarrazoada em 60 páginas no "desmascaramento" para resgatar sua identidade ameaçada de forma concreta eis que todos estamos debaixo de um perigo mortal fático e o pânico sociopata de um covarde que noofeminicídio descarrega todo potencial da planejada e destrutiva ação.

O tom apocalíptico e de viés, pretensiosamente, estético, literário, é outro elemento catalizador que a pandemia sugere através do distanciamento social que registra o semelhante como transmissor a cada instante da morte crudelíssima, sem remédio que o vírus simboliza.

Urge que o Estado e a ciência do comportamento, sociologia, Direito, psicologia acompanha com urgência o que definimos como CRIME PANDEMICO, todos os atos de natureza a corromper, violentar as normas legais do espirito do tempo.

Os personagens desta tragédia escrevem uma crônica que ficara na história da Criminologia pelo depoimento assassino como caso clássico desta trama fatal entre um vírus que já matou 250.000 mil brasileiros através de uma doença que sufoca sem piedade o ar que respiramos e a dimensão da Internet alienada, brutal, sem princípios éticos, hipnotizante e de outro lado um assassino disposto a matar e talvez a se matar, usando a moça como objeto do seu mecanismo enlouquecido pela solidão do sociopata delirante.

Infelizmente, o Brasil que perde a guerra pela incúria na falta de vacina ainda contribui com este exemplo de homicídio infame para marcar esta página de luto da história.

Que, pelo menos se abra uma discussão sem preconceitos ideológicos sobre "Pandemia e crime" para entendermos, podermos atuar, cientificamente, na prevenção e no combate a esta superposição de terror.

Um dos perigos deste gamer criminoso é a sedução sobre mentes igualmente pré-dispostas ao crime.

Melancólico réquiem de uma época.

Compaixão por Ingrid Bueno.

***FLAVIO GOLDBERG, VALMOR RACORT**
(Blog do Fausto Macedo – "*Estadã*" – 26 feve 2021)

A PLASTICIDADE DO CRIME NA PANDEMIA

O aumento da violência familiar, feminicídio, uma agressividade surda palpável no "stress" da população, a corrupção com o dinheiro público, uso de drogas, enfim uma escalada sensível do espírito do tempo, provocado pelo distanciamento social, confinamento, a solidão imposta, o fechamento de escolas, o desemprego, enfim, somos hoje uma grande aldeia na interação virtual.

Ora, se observarmos fenômenos coletivos desta proporção, no passado guerras, revoluções, epidemias, constatamos a competência do crime enquanto fator causa e efeito da realidade social, em buscar formas e conteúdos de adaptação capazes de responder com eficácia as transformações do país.

Aliás, alguma forma de cumplicidade ou pelo menos tolerância simpática entre grupos ideológicos antigovernamentais e quadrilhas prosperam nestes períodos de instabilidade, paranoia, ruptura dos laços de civilização, principalmente, daqueles que dependem princípio da autoridade, da disciplina, da ordem, enfim do consenso social republicano e democrata.

A mera descrição da megalópols que é São Paulo, fabricante, dinâmica reduzida ao despovoamento, silêncio tumular, ruas vazias explica o crime sorrateiro buscando sofisticação e volatilidade não só no assalto às moradias vazias, o "crack" num mercado alucinado mas também nos cofres públicos sujeitos à ataques, tecnologicamente arquitetados frente à estrutura jurídica demandando formas diferenciadas de atuação.

E urge, desde já, estudar os potenciais desdobramentos destas contingências para avaliar tendências, prevenir ocupação dos espaços físicos e simbólicos do poder já pós-pandemia.

Esta é uma tarefa que cabe à todas organizações policiais responsáveis pelo dever do policiamento num cenárioofílmico de terror.

E será, inclusive na colaboração científica de todos os aparelhos de segurança que a Constituição estabelece que poderemos evitar o caos medieval da população indefesa, entregue ao medo do sinistro fantasma do Crime ocupando os papéis que cabem aos órgãos de defesa da paz e da vida do cidadão.

Finalmente, da mesma forma que o vírus não respeitou as fronteiras de cidades, países, continentes, o crime é cada vez mais planetário.

Se no século passado o "tráfico internacional de escravas brancas" mobilizou a reação universal hoje vamos pensar em estratégias de sistemas de segurança que levam a "nuvem" das redes e internet, contrabando de drogas e outras modalidades que a imaginação bandida possa conceber para travar essa guerra discreta, silenciosa que arruína a civilização.

*FLAVIO GOLDBERG, VALMOR RACORTO
(Blog do Fausto Macedo —"*Estadã*"— 15 fev. 2021)

A MEDIAÇÃO COMO INSTRUMENTO POLICIAL DE VIDA

O combate ao crime é associado no imaginário coletivo brasileiro à ideia de "guerra", conceito este em que inimigos sob a entidade dos estados travam disputas por territórios.

Historicamente, com o desenvolvimento dos trabalhos sociológicos esta concepção no Brasil vem se configurando, drasticamente.

Com os recursos propiciados pela TV e as redes de Internet se projetaram cenas que marcam, de forma traumática, o sentimento da população, inclusive com o uso de linguagem bélica. Por exemplo, "território ocupado pelo tráfico", "crime organizado", "chefe das quadrilhas" e assim por diante.

Trata-se de algo que teve seu embrião jornalístico nos filmes antológicos de Hollywood, em que "mocinhos e bandidos" transferiam das disputas por espaços e cultura política os choques entre índios e brancos, para as zonas referenciais que habitam a fantasia da opinião pública em todo mundo.

Acontece que uma leitura maniqueísta destes processos distinguindo o Bem e o Mal frequentemente tumultuam a compreensão do complexo universo da nevrosidade que mantem o equilíbrio da Lei e da civilização, portanto a defesa da saúde mental da coletividade e dos direitos humanos pela biofilia versus necrofilia.

A introdução no Brasil e, particularmente, na Policia Militar de São Paulo, bem como em outros estados, cada vez mais na filosofia da mediação para a solução de ocorrências que podem gerar mortes é uma conquista pedagógica, jurídica, psicológica cuja síntese pode ser colocada como a de "SALVAR VIDAS".

Episódios significativos, esta natureza se observa no treinamento de policiais capacitados, emocionalmente e dotados de informações, ampliando a consciência situacional para uma tomada de decisão técnica, bem como de visão cultural para a chamada "negociação" visando evitar a consumação do suicídio e de incidentes de reféns através do diálogo e da persuasão, bem como nas hipóteses de incidentes de reféns e tantas outras oportunidades em que as fronteiras do entendimento ou do desastre esbarram desde a pré-intencionalidade até o acaso.

O uso apurado e cuidadoso das técnicas cientificas da negociação como uma ciência da pessoa, que reúne elementos sociais e individuais tem merecido, por tudo isto, um papel preponderante na imagem da Policia Militar, num elemento de fora pacificador cuja finalidade não é "ganhar" uma guerra, mas servir à comunidade como decisivo fator de paz, sossego e tranquilidade.

Não se trata, meramente, de táticas ou estratégias, mas do desenvolvimento ideal da Polícia que protege e garante o sistema de interação humana, amparado pela Constituição e a Lei.

Quando este esforço é reconhecido pela sociedade se estabelece a "afinidade eletiva", capaz de impactar a diminuição da influência do crime como habitualidade até charmosa principalmente, para os jovens, nas regiões mais carentes ou mesmo nas camadas ricas que possam se seduzir "roleta russa" da violência.

FLAVIO GOLDBERG, VALMOR RACORTI
(Blog do Fausto Macedo – *Estadão* – 27 out. 2020)

SELVA DIPLOMÁTICA

Parafraseando o grupo musical Racionais, "Vim da Selva sou leão sou demais pro seu quintal". Com seus milhões de infectados e quase 100 mil mortos pela Covid19, ao invés de tentar limpar seu quintal, Alberto Fernandez prefere em uma frase xenofóbica digna de incidente diplomático atacar os brasileiros falando que viemos da Selva e eles, argentinos como lordes vieram em seus elegantes barcos.

Diga-se de passagem o quintal do presidente argentino não está nada limpo e não é de hoje, em 2019 acusado pelo mais respeitado jornalista de seu país, Hugo Alconada Mon no periódico *Lá Nacion*, pela relação obscura com seu amigo de faculdade, o advogado Adrian Rioz que trabalhou com Fernández na Faculdade de Direito da Universidade de Buenos Aires, estaria praticando tráfico de influência ao defender a Creditiba, entidade investigada por lavagem de dinheiro, o presidente limitou-se a atacar o jornalista pela plataforma digital Twitter, desqualificando a mídia e jogando assim para debaixo do tapete o problema.

Quanto à sua vice-presidente de honra e "de júri", mas Chefe de Estado de fato, Cristina Kirchner, mencioná-la, ladeando-a, seu governo e os que lhe cercam com corrupção seria um pleonasmo.

Enquanto o Brasil vive a mais alta polarização política com ataques mútuos entre direita e esquerda, ter que nos preocupar agora com a bipolarização internacional é uma afronta.

O contato de proximidade de nossos militares com a selva amazônica (está sim, que devemos nos preocupar com líderes de países que enxergam um local apátrida), fez surgir a expressão de cumprimento militar "Selva", que se coloque então desta maneira para que nossos militares como "Leões" ajudem nos guiar em defesa de nossa Amazonas e no combate ao Covid19, quanto a neurastenia de nosso vizinho, nos resta lamentar sua incitação ao ódio em tempos de guerra pandêmica.

FLAVIO GOLDBERG

(Blog do Fausto Macedo – *Estadão* – 13 jun. 2021)

MEDIAÇÃO, A JUSTIÇA HUMANIZADA

O Prêmio Nobel de Literatura Isaac Bashevis Singer, num livro nostálgico, *O tribunal de meu pai*, escreve sobre uma sistemática do Direito judaico, a mediação:

> "Tenho a mais firme convicção de que o tribunal do futuro será baseado no Bet Din, isto é, desde que, em vez de regredir, o mundo progrida moralmente. Embora esteja em franco processo de desaparecimento, creio que o Bet Din será restaurado, assumindo então o caráter de instituição universal. O conceito sobre o qual ele repousa é o de que não pode haver justiça sem sentimento religioso e de que a melhor sentença é a de que todos os litigantes aceitam com boa vontade e confiança no poder divino. Em contraposição ao Bet Din estão todas as instituições que usam a força, sejam elas de direita ou de esquerda".

A longa citação se justifica pois foi uma das inspirações de meu próprio livro *Mediação em Direito de Família: aspectos jurídicos e psicológicos*.

Vivemos hoje em todo o mundo, inclusive no Brasil coincidentemente um momento de fraturas sociais e conflitos que racham as concepções da Ética e do Direito enquanto aplicação da Justiça.

Se, de um lado, a laicidade libertou o exercício da Lei da opressão religiosa principalmente, no Ocidente, de outro lado abriu as portas para uma crise de contestação quanto à decisão dos conflitos, imposta pela autoridade da força.

Tivemos e ainda estamos tendo, por exemplo, as decisões contraditórias em relação aos processos desencadeados pela chamada "Operação Lava Jato" e em um de Inquérito da Câmara dos Deputados, sobre a Pandemia, quando um dos Poderes da República, na pratica investiga e julga outro Poder, o Legislativo diante o Executivo, sob o mando do Judiciário.

Sempre existiu um certo consenso universal de que "decisão judicial não se discute, se cumpre".

Mas o que a concepção antiga e tradicional da mediação, que ocorre em quase todas as etapas da história e em todos os países, propõe é um "gentleman's agreement" em que o cumprimento se faz por uma convicção de bom senso, oriunda duma sabedoria que dialoga, "vox Populi, vox Dei", uma soberania acima das paixões, dos preconceitos, dos interesses, que acaba além de fazer a reparação, recolocar "as coisas no seu devido lugar", ou seja a harmonia da natureza.

Esta competência e conveniência de mediar impera uma chance de mudança dramática no elenco da investigação, julgamento, sentença, cumprimento de pena nas condições críticas da realidade carcerária e de ressocialização do apenado, possibilitando uma nova gramática aliás em todas as áreas do Direito, desde cível, trabalhista, tributária, enfim, no seu todo comunitário.

FLAVIO GOLDBERG
(Blog do Fausto Macedo – *Estadão* – 24 mai. 2021)

A SEDUÇÃO TOTALITÁRIA E O ESPIRITO DA LEI

O Brasil, aflito pela maior crise de sua história com mais de 250 mil mortos pela Covid19, sistema hospitalar em colapso, economia paralisada, população angustiada pelo desemprego, falta de vacinação, assistiu uma disputa tragicômica por duas coroas dos nossos vários reinos paralelos: a presidência do Senado e da Câmara.

Realmente, como se fosse um Império com muitos soberanos, os mundos em colisão no país, exibe, diariamente, o conflito acirrado de interesses que se digladiam por fatias do banquete no baile da Ilha Fiscal.

Compensa rememorar que no dia 09 de novembro de 1889 ocorreu o chamado "Último baile do Império", num sábado em homenagem aos oficiais do navio chileno Almirante Cochrane, foi a toque de finado da Monarquia antes da Proclamação da República.

Pois bem que vivemos uma história que não se repete a não ser como farsa, nas palavras do filosofo.

O Presidente da República cada vez com menos poderes legitimados pela opinião pública, esgotada pela ausência de medidas urgentes, unanimemente, exigidas pela medicina, pela ciência, pelo Direito afirma um namoro com a onipotência que só existe em sua fantasia calibrada por um segmento radical da sociedade.

A narrativa histórica nos oferece vários exemplos de como o caos da falência da nação acabam em soluções totalitárias.

Se a biografia do presidente Bolsonaro se construiu com o atavismo caudilhesco do "Mito", o tiro pode sair pela culatra, que nos perdoem o mau gosto da expressão, mas tão adequada pela estratégia da apologia da violência.

No STF, um ministro com uma canetada espeta a "Lava Jato", em decisão monocrática.

Prefeitos, governadores, juízes, todos, com ou sem respaldo jurídico se intrometem em terrenos alheios, provocando o enfraquecimento das interações em que a Lei perde o espirito para servir de retórica em favores suspeitos.

Quando o presidente Michel Temer fez a travessia dolorosa após o impeachment da presidenta Dilma Rousseff agiu como um habilidoso moderador diante as tensões da nação dividida.

E ainda agora neste fantasmático processo ameaçador de soluções golpistas, o general Hamilton Mourão é outro agente moderador na fritura passional que mobiliza os simples atrás de manobras de "mata leão" naquilo que deve ser sofisticado jogo de xadrez e não briga de moleque de rua.

Ilustrando para advertir que os que imaginam "wishful thinking" que podem se reeleger com pirotecnias atravessadas: em 11 de maio de 1938 um levante de ultradireita, integralista, tenta depor o direitista Getúlio Vargas, fracassa e é jogada na ilegalidade.

Um povo não suporta 2.000 mortes diárias na guerra desigual e com um esquizofrênico "fogo amigo".

Ou se ressuscita o espirito da Lei ou o futuro se ensanguenta.

FLAVIO GOLDBERG
(*Folha de S. Paulo* – 01 abr. 2021)

O ESPIRITO DO EXÉRCITO E DA CASERNA

Vivemos um *Zeitgeist* contemporâneo, uma época iconoclasta. Realmente, todos os valores morais, religiosos, educacionais e econômicos estão debaixo de polêmicas em todo o mundo.

A civilização enfrenta, na barbárie de conflitos bélicos, culturais e étnicos, um desafio que só encontra precedentes históricos nas Grandes Guerras que caracterizam o século XX, como a hecatombe da morte de dezenas de milhões de pessoas saindo das trincheiras rústicas do corpo-a-corpo com baionetas até os bombardeios nucleares.

Nesse cenário universal, o conceito de Exército como a Força Armada da Nação, reverenciada na Constituição da República, tem seu papel permanentemente questionado, objetiva e subjetivamente.

Independentemente de posturas filosóficas ou plataformas políticas e ideológicas, existe, no inconsciente coletivo brasileiro, uma sincronicidade que iguala na farda gesto do verde-amarelo à simbiose do país pátria.

Se complementamos essa ordem de raciocínio com a materialidade do território, esse processo atávico se ajusta no atemporal e no inespacial.

Traduzindo essa contingência, podemos armar um sociodrama da caserna, como o quartel que abriga o "lar da emoção" de pertencimento nacional ao desfile, que é o movimento definido por Einstein como o sinônimo de vida.

Essas prospecções sugerem, outrossim, um desenvolvimento que se estriba na razão da superestrutura da defesa da soberania nacional até complexas placas tectônicas da imagética idiomática de nossa língua materna.

Aos primeiros acordes do Hino Nacional, o brasileiro, turista em qualquer recanto do planeta, automaticamente, tensiona-se em uma posição de sentido em que a hierarquia se afirma como dever de retorno ao útero criador.

"Não permita Deus que eu morra sem que volte para lá" cantaram nossos pracinhas, a tropa que na FEB escreveu as páginas gloriosas de nosso contributo nas batalhas que, em Montese, simbolizaram tudo que, do futebol ao samba, celebra esse traço romântico que é a jornada do herói, apanágio de nosso Exército.

Na convulsão de interesses e contradições plurais da sociedade moderna, é fundamental que um país continental como o nosso tenha, no seu Exército, o consenso de amor à pátria.

Esse processo demanda, a nosso ver, um atencioso e permanente zelo na educação dos jovens, pois é dela que pode e deve surgir esse potencial de grandeza que transforma a massa em povo, o povo em nação e a nação em ideal de fé e esperança.

Se na constituição dos sentimentos que emprestam singularidade à pátria o "mito do herói" ocupa lugar de destaque, podemos usar dois exemplos paradigmáticos:

1. Desde a infância, quando os pais querem qualificar um comportamento rígido de disciplina, moralidade, empenho e elegância em um filho, usam a expressão "este menino é 'caxias'". E isso se estende a todo um estilo de ser que se contrapõe, em geral, ao preguiçoso, mentiroso, desleixado e macunaímico.

Nosso Luiz Alves de Lima e Silva, o Duque de Caxias, portanto, que é a majestática presença das virtudes militares, é também o monopólio da sociedade, que internaliza e incorpora os mais altos princípios da realização pessoal.

2. O envolvimento da Força Expedicionária Brasileira na luta contra o Eixo e o seu retorno triunfante, assimilaram uma identificação que pesou, seriamente, na redemocratização do País.

A admiração conquistada, principalmente por sua conduta ética na Itália, sem dúvida, faz parte da fantasmática brasilidade que orna nosso lastro junto à opinião pública: jovial, alegre e "bravo no combate que aos fracos abate" nos versos imortais do poeta.

Argamassa de um repertório glorioso e, ao mesmo tempo, afetivamente intimista.

As fronteiras físicas privilegiadas de nosso país merecem e exigem a proteção da tropa. A trincheira é a subjetividade despojada de um só cadinho de gente de todas as origens e de todos os horizontes.

Este processo demanda, a nosso ver, um atencioso e permanente zelo na educação dos jovens, pois é dela que pode e deve surgir este potencial de grandeza que transforma a massa em povo, o povo em nação, a nação em ideal de fé e esperança.

Este é o magno desafio de nossa geração, enraizado na instituição universal de significados éticos, determinação militar orgulhosa de um Brasil ocupando o protagonismo reservado ao nosso povo no consensual das nações livres.

(E-BLOG do Exército Brasileiro – 23 jun. 2021)

A CELEUMA DA SOBERANIA NACIONAL

Historicamente ,o conceito de soberania nacional sofre, com o término da 1ª Guerra Mundial, uma transformação impactante, registrada com a criação da chamada "Liga das Nações" em 28 de julho de 1919, pelo Tratado de Versalhes, com o objetivo de estabelecer um espaço para discussão entre as nações evitando as guerras de proporções daquele conflito.

Nos anos seguintes, se sucedem fenômenos turbulentos com a eclosão de disputas territoriais e tentativas de acertos em que, principalmente, as grandes potências procuram arbitrar, através de organismos como a ONU, as disputas sangrentas após a 2ª Guerra Mundial e a chamada Guerra Fria.

Este cenário demanda o entendimento de reconhecimento subjetivado de uma identidade psicológica na ideia de nação como uma autoafirmação de propósito identitário sobre uma delimitação de fronteiras.

Estamos hoje no Brasil com uma questão crucial cujo caráter jurídico, político, social representa um dos maiores desafios para o futuro de nosso povo, que é a destinação da Amazônia.

Maior floresta tropical do mundo, famosa por sua biodiversidade, atravessada por milhares de rios, é, agora, tema central de variadas discussões envolvendo a importância de preservar-se algo que é essencial para a manutenção da vida tal como a conhecemos, sendo objeto, sem dúvida, de cobiça gerada por interesses de toda ordem, como a exposta de maneira flagrante pelo presidente francês Emanuel Macron ao dizer que o "status" internacional da Amazônia é matéria que se impõe, ultrapassando, nessa concepção, a delicada percepção de nossa soberania.

Celeiro singular de riquezas num mundo esgotado por explorações do meio ambiente, a Amazônia tem recebido, principalmente das

Forças Armadas brasileiras, uma atenção que se manifesta com a presença constante em todas as dimensões continentais da região, seja em função da população como também das problemáticas que envolvem a exploração dos seus recursos.

Caracterizar e definir a soberania nacional do Brasil sobre este imenso território não é assim, simplesmente, uma causa datada politicamente, ou de mero significado ideológico ou partidário, mas um princípio civilizatório de defesa do próprio patrimônio singular da Nação como um instrumento de vontade que unifica o povo, com suas complexidades, miscigenação, interesses e o ordenamento legal amparado pelo reconhecimento universal.

A soberania deve ser garantida, e, em contrapartida, há de ser responsável, e tratando-se de Amazônia, deve ser exercida de modo a permitir uma efetiva conservação da tão atrativa e necessária biodiversidade que aquela encerra.

Da mesma forma que se afirmam lugares e até criações artísticas como "patrimônio universal", ninguém há de pretender que o Brasil se veja no direito de organizar as formas de convivência em Paris que, sem dúvida, é o pulmão cultural do Ocidente, ou de Roma, cerne religioso da maioria da população globalizada.

Na verdade, quaisquer acertos sobre a Amazônia, sua adequada utilização, sobre esforços para impedir a extinção de espécies de sua rica flora e fauna, a poluição de rios, sobre o emprego de suas águas, deve ser pautado em parte por interesses supranacionais, no que toca ao papel atual de toda e qualquer nação, este que envolve comprometimento para concretização de desenvolvimento global e sustentável, porém, sem se olvidar dos interesses nacionais, peculiares ao povo que desde os primórdios ocupa e cuida de uma região tão dadivosa. Ressalte-se que o Brasil já foi líder em conservação ambiental, pode e deve tonar a sê-lo.

Aliás, não se pode esquecer que o comprometimento da Amazônia no que toca aos absurdos desmatamentos lá detectados nos últimos anos decorre de odiosos interesses meramente econômicos, muitos surgidos alhures, e pouco afinados com os anseios dos brasileiros.

É claro que não se pode coadunar com as práticas que ensejam o aquecimento global, o efeito estufa, como é evidente que deve existir hercúleo esforço para brecar o desmatamento e promover o reflorestamento da Amazônia, todavia, nada disso se mostra prejudicial ao conceito de soberania, não reclama do Brasil a renúncia a esta.

O meio correto de se proceder às mudanças e providências aqui imprescindíveis, e de interesse geral, é buscando o bom entendimento entre as várias nações, e isto nas esferas pertinentes, através de pactos internacionais, dos quais são exemplos o Pacto de Paris e o Protocolo de Quioto, sem ingerências desmedidas ou comprometedoras da soberania.

Esta distinção deve pautar o consenso brasileiro em torno da Amazônia: colaboração e participação amigável de toda a humanidade, porém, debaixo da nossa responsável soberania.

FLAVIO GOLDBERG, JOÃO BATISTA AMORIM DE VILHENA NUNES
(Desembargador do Tribunal de Justiça do Estado
de São Paulo, mestre e doutor em Direito)

A VACINAÇÃO ENQUANTO DEVER DO ESTADO E DO CIDADÃO

O mundo vive um estado de exceção em termos de pandemia ocasionada pela disseminação da Covid19.

Não se trata de uma realidade circunscrita a determinados territórios, faixas étnicas, grupo sociais ou quaisquer recortes específicos populacionais.

É consenso que ocorre uma letalidade que atinge milhões de pessoas em todos de comportamento de indivíduos, provocando além das doenças e mortes, mais de 1 milhão de pessoas, distúrbios emocionais, desde claustrofobia até paranoia e depressão.

O contágio tem caráter vertiginoso e medidas básicas de defesa já impuseram desde o chamado "lockdown" um confinamento obrigatório dentro das residenciais, o distanciamento social, suspensão praticamente, de todas as atividades que significam a cotidianidade implicando até em colapso hospitalar, deixando doentes em estado terminal sem acesso às UTIS.

Esforços científicos extraordinários tem sido acionados em todo o mundo, eis que essa realidade já significou desemprego em massa, com milhões de pessoas sem condição sequer de sobrevivência, atingindo vulneráveis de maneira radical, principalmente aqueles com comorbidades e idosos.

Não obstante, constatam-se movimentos refratários a medidas essenciais necessárias para diminuir o impacto trágico das mortes em massa, tais como a obrigatoriedade do uso de mascaras como referido e o próprio distanciamento corporal.

Depois de meses de pesquisa e empenho, laboratórios conseguiram, finalmente, a solução de vacinas capazes de imunizar a população.

Infelizmente, no Brasil, de forma esquizofrênica e com irresponsabilidade legal, o Estado hesita e titubeia em introduzir, com urgência inadiável, a vacinação em massa capaz de deter a onda de mortes e por consequência permitir o retorno da nação ao seu estado de convívio, trabalho e desenvolvimento.

O custo diário em vidas incalculável, pela dor, o sofrimento, a angustia.

Diante deste quadro urge responsabilizar o Estado pela procrastinação em tomar as medidas fundamentais em termos de produção e logística para a vacinação em massa, sem delongas ou pretextos que caracterizam o crime por omissão de socorro.

De outro lado não cabe a qualquer cidadão recusar a obrigação de vacinação eis que esta atitude põe em risco sua vida, mas também a dos semelhantes sujeitos à contagio.

A alegação de "liberdade sobre o corpo" já discutida em outras instâncias por questões religiosas não pode prevalecer, ainda mais se tratando de vírus mortífero assinalado e doença sem tratamento reconhecido.

Finalmente, cabe ao Estado brasileiro invocar os princípios da Declaração Universal dos direitos humanos para exigir da OMS e da própria ONU que não continue a odiosa discriminação que favorece através de riqueza a vacinação dos privilegiados dos países ricos em detrimento de nossa pobre e sofrida população.

No momento político em que tanto se propalam direitos iguais e universais para todos, é inadmissível que o lorde inglês fique protegido contra a morte nessa circunstância e o favelado carioca morra sem leito hospitalar e na expectativa de uma vacina que o sistema de saúde é incapaz de proporcionar.

Depois desta "guerra" cabe a convocação de um Tribunal Internacional à exemplo de Nuremberg, após a II Guerra Mundial em que todos os responsáveis pela inércia, incapacidade, omissão, incompetência sejam julgados.

FLAVIO GOLDBERG

(Blog do Fausto Macedo – *Estadão* – 15 dez. 2020)

PSICOLOGIA NO CAMPO DO DIREITO

Uma composição interdisciplinar de escritório-consultório proporcionando uma consistente assistência para casos específicos que demandam profissionais de ambas as áreas permitirão o enriquecimento qualitativo da proteção do íntimo e do extimo dos demandantes. Fique consignado que o conhecimento do Direito com suas normas regulamentando o papel da autoria social permitirá ao psicólogo uma visão realista dos entrechoques da personalidade, da cidadania, da comunidade.

Se entendemos a advocacia como instrumento profissional para a concretização de uma sociedade harmonizada segunda segundo regras civilizatórias incorporamos o estudo da subjetividade como essencial para sua eficácia.

E a abrangência desta visão se esparrama por todo o espectro da Lei, teoria e concretude.

Recentemente o país assistiu surpreendido um debate no Supremo Tribunal Federal em que as emoções à flor da pele revelaram as pulsões inconscientes que segundo Freud arrebatam o narcisismo humano. Realmente, amor, ódio, ciúme, vaidade, contingências profundas do Inconsciente arrastam seres humanos, juízes, promotores, autores, réus, jurados, policia, criminosos, vítimas, no vulcânico processo que habita os interiores que explicam, justificam, denunciam, agravam, atenuam as complexidades dos conflitos dos contratos e distrato das interações sociais.

O recurso à informação da sensibilidade nervosa se é da escola comportamental de viés norte-americano, num exercício de inteligência, talento, pesquisa e até intuição capaz de decidir processos, transformar jurisprudência, pautar tendências, com isto influenciando novas modalidades na rotina e cotidiano dos escritórios e dos tribunais.

Com reflexos midiáticos de altíssima ressonância podemos assistir através da TV e agora também da Internet a influência reciproca que levanta questões éticas, inclusive perturbadoras.

Volta e meia os magistrados e juristas discutem a tênue linha que permeabiliza as consciências: até onde os juízes tem que se sensibilizar com a opinião pública para seus julgamentos?

O fato é que a raiva, a simpatia, o carisma dos personagens cada vez mais joga um cenário de psicodrama nos processos, principalmente, aqueles que mobilizam paixões e convocam multidões, nas questões que envolvem, principalmente, princípios religiosos, mas também segmentos étnicos, de gênero, educacionais, casamento homossexual, escola sem partido, racismo, feminismo, distribuição de renda, quase todas as polemicas e disputas entre facções de pensamento somam razão e sentimento a desembaraçar na ótica da Psicologia.

No Direito Penal, a fronteira sempre invocada e impossível de ajustamento ou concepção entre a perversão e o crime filogeneticamente programado, a influência do meio ambiente e outros fatores reativos do sujeito singular.

No Direito de Família, o choque entre o conservadorismo e mudanças radicais ocasionando traumas que vão do cainismo à ruptura dos acordos de convivência mínimos.

A capilaridade é extensa e os conceitos psicológicos, complexos, e assim por diante, recheiam as petições e as sentenças, sob o crivo implacável das partes.

O fato é que manobrar os extraordinários conhecimentos sobre as origens ambivalentes do comportamento humano, já se tornou um complexo indivisível.

Julgar é compreender no âmago de cada protagonista do fato jurídico e o desempenho merece a audiência do desconhecido que testemunha as verdades interiores.

FLAVIO GOLDBERG
(*Migalhas*, 01 jun. 2020)

PRESIDENCIALISMO ARRUÍNA HARMONIA ENTRE OS PODERES

No século II A.C., consta que um general chinês HÁ-SIN usava papagaios de papel para enviar ordens a uma praça de guerra sitiada.

A combinação metafórica ilustra de forma singular as maneiras, estilos, conteúdos que as disputas de poder apresentam nas mais diversas circunstancias.

Em plena guerra fria travada no Brasil por grupos desavorados com a tragédia da pandemia se torna quase impossível localizar as frentes de combate eis que um terreno pantanoso e caótico se avoluma com placas tectônicas.

A C.P.I. da Pandemia, evidentemente, será um dos campos de batalha em que o ritual do bem e do mal vai evocar outros momentos de nossa história implicou na divisão do país.

Instrumento do Poder legislativo nasce em cesária partejada por ordem do STF, inicialmente, com o objetivo de investigar o Executivo, mirando o Presidente da República, se estende na capilaridade de Estados e municípios.

No tiroteio seguido por determinados elementos, às vezes se imagina como ordem-do-dia a máxima folclórica da sabedoria popular, "ladrão que rouba ladrão tem cem anos de perdão".

Não se pode distinguir o acirramento de ânimos dos últimos anos com aqueles dos anos 60 em que figuras como Carlos Lacerda e João Goulart arrebentavam paixões populares e, ao mesmo tempo, circulando em torno das emblemáticas condições que vestiam fardados Teixeira Lott e Castelo Branco.

Repetindo o acontecido num arremedo do Mito de Sísifo, países estrangeiros estendem seus interesses em nosso destino: Ontem e hoje, Amazonas, meio ambiente, Covid19, consignado o dito americano "países não tem amigos, tem interesses".

Um Estado eficiente exige políticas integradas. A fragmentação do pacto federativo, a disputa insana entre os Poderes, arrastando estados e municípios implica em ameaça ao próprio espirito da ideação patriótica.

A mensagem subliminar do crime "está tudo dominado" soado ao medo da morte pelo risco de doença fatal e a morte cruel traduz a leitura do fenômeno que ocorre no silencio tumular das ruas, das praças desertas, no reino do desemprego, sistema de saúde sucateado, desesperança e ceticismo.

Uma política regida por "macetes" não é de Esquerda nem de Direita, simplesmente impõe milícias nas periferias ou quadrilhas sofisticadas numa Economia arruinada pela corrupção.

Uma investigação consequente deveria começar pela autocritica corajosa e uma intenção altruísta: perdemos a guerra, todos. O que fazer para sobre os escombros do massacre desenharmos um projeto de Brasil humanizado?

A solução, talvez, seja a sempre lembrada opção parlamentarista.

FLAVIO GOLDBERG
(Blog do Fausto Macedo – *Estadão* – 21 abr. 2021)

GRAVAÇÃO ILEGAL FERE CONSTITUIÇÃO E CIVILIDADE

A Lei, por definição objetiva o exercício do ordenamento social, mas no Estado Democrático de Direito deve também corresponder aos princípios de civilidade no sentido mais profundo da expressão de refinamento de costumes.

Não se trata aqui da Lei que consagra o arbítrio ditatorial oi oligárquico que ultrapassa as conquistas que, historicamente, a Revolução Francesa inaugurou e a Declaração Universal dos Direitos Humanos, ONU, transformou em Carta consensual no tempo contemporâneo.

Uma destinação desta natureza é incerta na nossa Constituição: artigo 5 X – "são invioláveis a intimidade, a vida privada, a honra e a imagem das pessoas, assegurado o direito a indenização pelo dano material ou moral decorrente de sua violação;".

Este o limite que guarnece a intimidade, a subjetividade da emoção que não pode nem deve ser expropriada para o escândalo público.

A confidência, o desabafo, a catarse feita em confiança em lealdade, na reserva do sigilo, no crédito de boa-fé, com as inovações tecnológicas, rastreamentos, hackerismo, gravações não autorizada, cilada de provocação, tudo isto vem, emprestando a cena política nacional, envolvendo o Poder Judiciário numa trama sem fim em que o tom de voz, o sussurro, pausa, finalmente a interpretação passaram a ter papel decisório no próprio destino da nação.

Três exemplos dramáticos ilustram o tema que começa em farsa e termina em tragédia, sem aqui julgamento de mérito.

No primeiro, a presidenta Dilma Rousseff em telefonema com o ex-presidente Luiz Inácio Lula da Silva, "Bessias" é a senha para seu impeachment.

No segundo, o presidente Michel Temer com gravação arquitetada.

No terceiro, agora o confuso episódio da gravação de uma conversa entre o presidente Jair Bolsonaro e o senador Jorge Kajuru.

As conversas e interlocuções saem do privado e vão ao público com resultados explosivos.

Como irradiação para toda a sociedade este processo que se multiplica, por exemplo na Operação Lava Jato, tanto na sua gênese e desenvolvimento como na sua desconstrução, evidência o terreno pantanoso que os Tribunais passam a enfrentar, a política se apequena e o país persecutório se vitimiza, paranoide.

Urge a repulsa não só legal, mas anátema social para condenar toda e qualquer tentativa de através da revelação do segredo promover o escândalo da execração.

Para enriquecer a lição e ampliando o risco anote-se que intrigas, recados com ambivalência alimentaram em Rasputim o fim do czarismo para a tomada de poder por Adolf Hitler.

O ovo da serpente, hoje, germina em gravações na sombra clandestina.

Essas práticas habitam melhor as alcovas do que as audiências da Justiça.

FLAVIO GOLDBERG
(Blog do Fausto Macedo – *Estadão* – 13 abr. 2021)

O SAGRADO E O PROFANO NO STF

"O Brasil não é para principiantes" parece que o folclore imita a percepção sensível de que nos entende não de cátedra privilegiada em Paris, mas do ruído carnal das ruas que palpitam numa potência complexa, dum cosmopolitismo colorido que vai da tradição à revolução, num salto qualitativo.

Eis que temos numa coincidência significativa na presidência do Supremo Tribunal Federal, um jurista carioca despachando capaz duma frase provocativa que intriga e perturba, "mato no peito", de religião judaica, Luiz Fux, filho de Mendel Wolf Fux e Lucy Luchnisky Fux, judeus de origem romena, exilados pela Segunda Guerra Mundial, que termina seu discurso de posse numa afirmação mística, em hebraico "Baruch haschem", como jamais se fez depois da queda do templo de Jerusalém e no Senado, outro judeu praticante, Davi Alcolumbre, descendente de marroquinos.

Se isto reflete um caleidoscópio gênero de filme à Hollywood, podemos apimentar com o presidente da República, católico, achegado ao poderoso movimento evangélico que pleiteia para o retro referido STF um fiel "bíblia", como o eleitorado apelida os praticantes do protestantismo nas vertentes de toda natureza que se espalham pelas periferias das megalópoles brasileiras anunciando um conservadorismo como resistência ao tráfico e ao crime organizado.

Religião, ideologia, politica, ascetismo, puritanismo, corrupção, bandidagem, enfim a "sociedade líquida", instruída por Zygmunt Bauman, tendo como pano de fundo a trilha sonora de Fagner e um cantor a gênero gospel entoando música-oração em hebraico.

Num salto cronológico de poucos anos quando o presidente Lula visitou o Estado de Israel se recusou a reverenciar a memória do idealizador sionista Theodor Herzl cometendo uma gafe diplomática de caráter preconceituosa que transbordava de uma política maniqueísta do Itamaraty preso a dogmas que a queda de Muro de Berlim já havia enterrado.

Certamente, este é um Brasil que o mundo vai aprender a ouvir, respeitar, dialogar, sem o euro centrismo hipócrita dum continente que pretende ditar ao mundo seus valores encerrados nos caixões de guerras e destruições em nome de civilização, cultura, superioridade desmoralizada.

Pois enfim é disto que se trata, à moda caipira, rústica, corajosa, genuína, singular, mas poderosa, o que surge é o desenho de novas configurações que fogem aos modelos engessados dos "sepulcros caiados de branco".

Esta é a resposta nacionalista mas não chauvinista à bipolaridade que racha a identidade dos povos: judeus, cristãos, mulçumanos, candomblé, umbanda, quimbanda, LGBT, negros, brancos, amarelos, verdes, tudo junto e misturado, um Brasil que se descobre e se desnuda, sem discriminação, e assim um Estado laico, com a sacralidade profana do "humano, excessivamente, humano".

FLAVIO GOLDBERG
(Blog do Fausto Macedo – *Estadão* – 18 set. 2020)

AMAZONAS: A NOSSA FRONTEIRA DO FUTURO

Em 1960, um cientista americano, Herman Khan, diretor do Instituto Hudson, foi apresentado à cena internacional como um genial "futurólogo", uma espécie de adivinho revestido de poderes mágicos para traduzir a configuração do planeta num tempo a vir, ou seja, um profeta da probabilística.

Com uma repercussão extraordinária, veio ao Copacabana Palace e apresentou o resultado de seus dados preciosos recolhidos na mágica de interesses de minérios transformando a Amazônia num celeiro de um mundo explodindo em riqueza. Em troca oferecia a internacionalização na prática de um pedaço continental do Brasil

Uma reação nacionalista promoveu como resposta imediata a criação da SUDAM em 1970 o projeto da Rodovia Transamazônica e o Projeto Jari, no Amapá.

Também se sucede o Polonoroeste. Depois Belmonte, a questão do desmatamento, a situação dos povos indígenas, e sempre por trás e com saltimbancos, Paschoal Levy, este um "francês genial" para sedução da nossa "inteligentzia" propondo que a "Amazônia deveria ser considerada patrimônio a ser administrada pela humanidade". Leia-se na escandalosa intervenção de Macron, dos "civilizados" europeus, capazes de repetir com tinturas de palavreado "progressista", o assalto as riquezas naturais incomensuráveis daquela região brasileira.

Pois, é disso que se trata, correndo, paralelamente, com os erros da política e estratégia no combate à pandemia, COVID19, que anestesia e paralisa os processos se distribuição justa dos recursos naturais do planeta em favor das populações miseráveis.

Assim ficamos diante da maior tragédia da história brasileira, quase 400 mil mortos, bilhões de dólares gastos com vacinas que sobram e faltam conforme o poder das nações contrastando com fome, desemprego, sucateamento dos sistemas de saúde do nosso depauperado país.

Teorias da conspiração? Fake news? Um Direito Internacional Público que não pode depender dos organismos viciados e atrelados às grandes potências da ONU precisa se desenvolver para enfrentar os desafios agressivos destas demandas que pairam sobre o Brasil.

Esta discussão não pode ser travada na terminologia rançosa de Esquerda versus Direita mas segundo propósitos de superar esta travessia dum país destroçado para um potencial emergente dos recursos naturais e humanos que são sim seu patrimônio, sem demagogia chauvinista mas com uma visão cosmopolita de Justiça Social que não pode conviver com o sofrimento de milhões de vítimas dos inconfessáveis interesses de grupos, corporações, potências, na sombra herdada daquele tempo em que na mesa dos mapas se dividiam as riquezas do mundo.

FLAVIO GOLDBERG
(Blog do Fausto Macedo – *Estadão* – 29 abr. 2021)

O BRASIL EM FACE AO MUNDO EM TRANSE

Por cima das divergências ideológicas, politicas, construir um cenário em que vacinas, conquistas cientificas, colaborações, possam cimentar um tecido de esperança, irrigado pelas nossas origens afro-indígenas, de imigração, de esforços que não podem e não devem se isolar, empobrecendo os horizontes.

A pandemia significa para todos os países, sem exceção, novas regras de direito internacional público e privado, que começam com a situação da ONU, a OMS e o fato de que o vírus da covid-19 não conhece fronteiras.

As pesquisas científicas, os laboratórios, a indústria farmacêutica, a medicina, cruzam e romperam antigos parâmetros, exigindo do Brasil flexibilidade e ousadia para, inclusive, enfrentar à onda de descrédito que a mortalidade provocada em nosso território se criou quanto a urgência de reagir com rigor o desafio representado por desastre de ordem planetária.

Por cima das divergências ideológicas, políticas, construir um cenário em que vacinas, conquistas científicas, colaborações, possam cimentar um tecido de esperança, irrigado pelas nossas origens afro-indígenas, de imigração, de esforços que não podem e não devem se isolar empobrecendo os horizontes. Vamos alinhavar alguns fatos que merecem destaque para uma reflexão histórica e geográfica, sem preocupação histórica, ou seja, atemporal e extraterritorial.

- Uma lembrança do desempenho do ministro Oswaldo Aranha que, presidindo a Assembleia Geral da ONU, inscreveu nosso país no rearranjo do Oriente Médio.
- A breve presidência de Jânio Quadros que marcou nossa negritude para a África.
- Movimentos traumáticos que nos atingiram em razão da Guerra Fria.

- As questões polêmicas, e incendiarias da Amazônia, do meio ambiente.

A visita de caráter humanitário do presidente Michel Temer ao Líbano, que se seguiu à sua palestra em Oxford na Inglaterra, imprimindo um espírito pacifista, que por sinal, aqui reverbera na atual posição da senadora Katia Abreu, primeira mulher a presidir a importante comissão de Relações Exteriores do Senado Federal e da psicóloga Maria Paula, atual Embaixadora da Paz escarna a atual conjuntura de que a mulher e grupos minoritários se transformam em atores que emergem de maneira vitalícia a linguagem da espécie de esperanto capaz de dialogar com a demanda que vem vindo em suas diversidades desde cenas televisivas, agronegócio, política externa, que pelos corredores do intercâmbio com a "nuvem" e o psicodrama impressionam a imagem que precisa ser apresentada ao mundo, qual seja uma das mais potentes economias do mundo, povo miscigenado, recursos naturais e potenciais extraordinários, tudo convidando uma política exterior soberana mas suficientemente madura para entender a importância de somar esta plataforma interna de conflitos, pobreza, mas também um espírito do tempo dinâmico, democrático e progressista.

É preciso correr contra o tempo e ocupar um papel de que nossa grandeza necessita.

FLAVIO GOLDBERG

(*Correio Braziliense* – mar. 2021)

DISCRIMINAÇÃO NA PANDEMIA REVELA SOCIEDADE SEPARATISTA

No caótico e calamitoso cenário pela vertiginosa contaminação da Covid19 no Brasil salta aos olhos, escandalosamente, o caráter separatista da realidade brasileira. O noticiário da imprensa, diariamente, vem apontando a dramaticidade de casos de pessoas, inclusive pacientes terminais, hipócrita, mas todos aviltantes e, principalmente, de cunho criminoso, afrontando a Constituição da República e Ética.

Relacionando algumas situações que revelam a crueldade e ao mesmo tempo o enraizamento no psiquismo social daquilo que podemos chamar de "distanciamento impiedoso", porque desumaniza numa escala de Eugenia, o próprio fundamento civilizatório do Estado Democrático de Direito, que é o princípio da igualdade de todos perante a Lei, no respeito à dignidade individual e na régua do equilíbrio harmônico das interações na diversidade e excepcionalidade da espécie.

Os idosos enquadrados como doentes (comorbidade), ampliando para a visibilidade de cadeirantes, pobres, miseráveis, sem-teto, negros, obesos, e toda uma cartografia que parte do salvacionismo de um ideal de aparência, saúde, educação que, no final da linha equivale à uma escolha drástica, que desqualifica a conquista dos mínimos recursos de sobrevivência.

Nas portas dos hospitais pessoas contaminadas são separadas entre os que tem o ampara ou não dos convênios médicos, na tradução instantânea de uma condenação à morte.

Médicos e enfermeiros desesperados sucumbem na angustia diante a precariedade e falência do sistema das UTIs por urgência e prioridade de vai ou não ser intubado.

Qual o critério que sem dúvida implica numa condenação à morte entre dois ou mais pacientes necessitados dos limitados dispositivos de salvação?

Inclusive, uma autoridade, publicamente, tentando convencer a população ao respeito às medidas de distanciamento social, uso de máscara, lockdown, falando sobre o colapso da falta de leitos nas UTIs chegou a exclamar pela TV, em agonia: "Vão faltar leitos mesmo para aqueles que pagam convênios caros."

O respeito à consciência da sacralidade da pessoa humana como faz para "mandar para casa", no toque de recolher, aqueles que não tem casa, os "sem-teto"?

Episódios de incidentes com idosos tratados como autênticos párias se sucedem. Numa sociedade do interior um caminhão desfilava pela rua ecoando uma palavra de ordem de lembrança nazista: "Velho, vá para casa".

No instante contemporâneo do "stress" originado pelo medo da morte, a tanatofobia, urge a conscientização de que a Saúde é um bem público e social, que a vacinação, hospitalização, socorros não podem se mercantilizar segundo a riqueza, aparência ou qualquer critério que não seja o da compaixão, compromisso que o Governo e a própria sociedade deve, principalmente, aos desvalidos e mais frágeis, eis que a Vida não é maratona espartana mas o Espírito e a essência do valor em si mesma: feita à imagem e semelhança de Deus.

FLAVIO GOLDBERG

(Blog do Fausto Macedo – *Estadão* – 19 ma. 2021)

CÉLULAS CRIMINOSAS E SUAS VIRAIS VARIANTES

Estudos realizados em vários países sinalizam o aumento da agressividade nas interações sociais, relacionando com o período da pandemia.

Essa agressividade se manifesta de forma as mais variadas, tanto internalizadas através de distúrbios mentais e doenças físicas, mas também na sua forma mais contundente da criminalidade.

Os choques de personalidades exacerbadas pelas medidas de distanciamento social, claustrofóbica, paranoia, recalques e frustrações se somam ao processo da crise econômica e social que jogou no desemprego, e, portanto, no ócio obrigatório dezenas de milhões de pessoas que levam o ceticismo, a desesperança e o desespero à sedução da transgressão das regras de harmonia e civilidade nos pactos civilizatórios.

O feminicídio, a agressão contra a mulheres, crianças, idosos, conflitos entre vizinhos nas megalópoles, o fato potencializado do crime como resposta à realidade do empobrecimento e da miséria bem como à crise existencial na subjetividade atingida pelo pânico diante das crises hospitalares, desordem no sistema jurídico da nação, consciência da fragilidade dos poderes públicos desorientados perante desafios inéditos que paralisam os sistemas de produção e a própria arquitetura cotidiana da existência.

Nesta escalada que vai da infância entre quatro paredes, a adolescência em prisão domiciliar, a educação portanto indefinida e caótica, tudo no enquadramento de solidão imposta, como propício ao álcool, drogas, e toda ordem de violação dos princípios morais que norteiam os sistemas canônicos que marcam a civilização como a entendemos.

Uma observação visível é o transporte destas angústias para o cinema, TV, em que a repetição monotemática da morte apavora e paradoxalmente, normaliza a verdadeira chacina diária de uma guerra surda em que leis da guerra nem sequer são obedecidas porque não existe combate, eis que só a Covid19 é o exército vitorioso num front horizontal de cemitério e horror.

Eis contextualizado o cenário perfeito para o desenvolvimento da belicosidade e ruptura dos limites patrimoniais, concretos, físicos da pessoa, até o esgarçamento absoluto do tecido social que cimenta o progresso.

Basta ao Código Penal, à Constituição, ou se impõe uma nova formulação legal capaz de ordenar a convivência pacífica na sociedade?

Arrematando se observa que o "home office", o recolhimento na casa como núcleo quase que exclusivo de convivência da família enseja proximidade afetiva de outra parte propiciou o *bullying*, exaustão emocional, as tramas sexuais, tudo na somatória de ciúmes, competições, espaços em disputa que joga para o Direito da Família, o Direito Civil, o divórcio litigioso, no pântano das aflições humanas, profundamente, humanas.

FLAVIO GOLDBERG
(Blog do Fausto Macedo – *Estadão* – 04 mar. 2021)

CULTURA DA DEFESA E O EQUILÍBRIO INSTITUCIONAL

Matéria polêmica eis que muitas vezes compreendida de forma desvirtuada em perspectivas ideológicas, a sistemática de uma doutrina de defesa nacional talvez merecesse uma análise num espectro mais amplo, o da cultura jurídica que a sustenta, sob o conceito constitucional do Estado democrático de Direito.

A chamada *Estratégia de Defesa*, a END, a Política de Defesa Nacional, PND, juntamente com a Doutrina Militar de Defesa, DMD são peças teóricas que norteiam uma compreensão do papel das nossas Forças Armadas, mormente, se levarmos em conta os elementos alinhados pela chamada Escola de Copenhague assegurando "entende-se que questões de segurança não são limitadas à questões militares, questões de segurança na realidade podem ser eminentes em cinco setores, ambiental, societal, econômico, político e militar. Sendo assim, é possível compreender a formulação da agenda estratégica nacional de defesa e segurança".

Suficiente esta síntese brevíssima das ideias expostas em inúmeros dispositivos legais que percorrem todo o processo de desenvolvimento para a criação e consolidação do corpo de pensamento que vai gerir a estratégia de defesa nacional.

Ora, se a partir da 1ª Guerra Mundial de forma vertiginosa os campos de batalha são fronteiras dos conflitos armados no exercício tradicional do extermínio do inimigo para a conquista territorial ampliada em dimensão planetária pelo universo da "nuvem", da propaganda, da mídia, a conquista sem concretude dos sedutores elementos da mente, da convicção, enfim do espírito.

Na verdade, aquilo que excitava na imaginação dos povos a espionagem, com belas mulheres e traidores a peso de ouro, é escancarado pela inteligência psicológica atuando em dois níveis: o enfraquecimento da autoestima nacional, com a desmoralização e o deboche dos valores constitutivos da consciência de identidade nacional e sua substituição insidiosa por modelos impostos por interesses econômicos, religiosos, étnicos, ideológicos.

"Matar o urso e dar o destino à sua pele", na crueza da sabedoria popular se pode antecipar aquilo que aconteceu, historicamente com o Brasil, na 2ª Guerra Mundial.

Depois das acirradas disputas entre os grupos que durante o governo de Getúlio Vargas oscilavam na simpatia pelos nazistas e pelos Aliados, acabamos por participar na Itália de uma gloriosa jornada com a Força Expedicionária Brasileira que voltando, vitoriosa, tem um papel na saga da luta pela democratização do país.

Este exemplo do encontro e afinidade eletiva entre as Forças Armadas que encarnam no propósito e missão a defesa da pátria, implica na tradução dos anseios que caracterizam o esforço de assumir o papel soberano no cenário internacional, o que eleva seu caráter acima de qualquer episódio passageiro, de qualquer disputa que alimente a divisão na comunidade fraterna de uma entidade solidária, humanista e civilizada para a progressão.

FLAVIO GOLDBERG
(Blog do Fausto Macedo – *Estadão* – 09 fev. 2021)

O PODER E SUAS COMORBIDADES NO GRUPO DE RISCO

Uma sedutora imagem atraiu os estudiosos da sociologia política; a comparação entre os famosos da natureza do corpo individual, mentais e físicos com os que ocorrem no seio do corpo social.

A morfologia, anamorfose, crescimento e morte da pessoa, dos grupos, países.

A pandemia causada pela Covid19 provocou em todo o mundo a desordem metastática de nações tanto ricas e organizadas quanto pobres e sem estruturas.

Os processos se sucedem vertiginosamente, milhões de doentes, mortos, desemprego, confinamento, sequestro e autocontenção nas liberdades impostas pela iminência e ocorrência de catástrofes apocalípticas.

Diante deste quadro aterrorizante os versos de Schiller se revelam oportunos como advertência, "Crê no que diz o coração, O céu não dá garantias".

No Brasil constatamos estarrecidos a derrocada do equilíbrio precário da engenharia sanitária e do tecido jurídico.

Ninguém, literalmente, ninguém responde por uma estratégia em relação à doença e as providências de defesa civil.

O presidente da República com um jaleco branco recomenda um remédio que não cura enquanto capitão reformado deixa as Forças Armadas segundo o general Cruz em saia justa, atarantado com a eleição do presidente da Câmara que num saco de gatos junta réus da Lava-Jato e Virgens intactas da República, pleito que antecipa conflito de vida e morte para um processo de impeachment.

Laboratórios farmacêuticos internacionais ditam prazos, doses e bulas em parafernália que dia a dia confundem a opinião pública sobre uma vacinação retardada que custa milhares de mortos neste genocídio covarde em que a população mergulha num "grupo de risco" em que a roleta russa atinge a todos.

Prefeitos que prevaricam, governadores onipotentes, polêmicas infindáveis com e entre tribunais, isto inscrito num cenário mundial em que China e EUA ensaiam uma guerra fria ou pelo menos morna, além do agravamento dos comportamentos criminosos, desde a droga até o terrorismo que acompanham os finais dos impérios ou das arquiteturas erguidas de forma artificial, como ONU, OMS e outros braços naufragando no Direito Internacional Público com a pirataria dos remédios, reservas científicas, vidas compradas a preço de ouro.

Machado de Assis, genialmente, imaginou uma cidade que o escritor argentino Cesares prognosticou da "caça aos velhos"...

Nesta perspectiva de manicômio ou se resgatam os princípios de civilização acertando as normas de Direito ou a barbárie impera com uma Rainha da Sucata.

FLAVIO GOLDBERG
(Blog do Fausto Macedo – *Estadão* – 01 fev. 2021)

VEM A GUERRA MORNA E O DIREITO INTERNACIONAL

Na Segunda Guerra Mundial, 1939-1945, os EUA e a URSS, deixaram, temporariamente, de lado suas divergências nacionais e ideológicas, comunismo e capitalismo para enfrentarem o inimigo comum, o Eixo nazista, liderado pela Alemanha. Os interesses de sobrevivência numa batalha de extermínio sem fronteiras criaram uma realidade impensável até então que foi concebida sob a direção de Stalin que privilegiou o conceito da Rússia imperial e de Roosevelt em uma perspectiva global, logo executada pelo plano Marshall.

Derrotado o bloco nazifascista, a trégua no conflito EUA e URSS que ensejou inclusive a criação da ONU passa à realidade de conflitos em disputas que vão transformando os aliados em adversários, confundindo os papéis, inaugurando a chamada "Guerra fria" em que os campos de belicosidade militar são substituídos por espionagem, propaganda, manipulação de mídia, em que partidos políticos vão se transformando em braços subterrâneo de força.

O processo se intensifica com o fim da URSS e o pluralismo nas disputas que se sucedem, com a entrada em cena da China, o blo7co europeu, os países emergentes em vertiginosas e flutuantes tensões que provocam conflitos armados localizados, mas uma Guerra Morna subjacente, menos evidente, mas não menos brutal em que a paralisa das tropas pelo poder destrutivo das bombas leva a outra ordem de estratégia, desafiando, outrossim, o Direito Internacional.

Ainda agora Julian Assange, o australiano acusado pelos EUA de divulgar documentos secretos americanos foi favorecido pela decisão da justiça britânica que negou sua extradição aos EUA.

Poucas semanas depois Israel recebeu com festa Jonathan Pollard, analista da Marinha americana, liberado por decisão do presidente Trump, um prisioneiro acusado de revelação de segredos militares a uma potência estrangeira, mas contestou a versão oficial da decisão condenatória, alegando inexistência de prejuízos.

Quando no que se refere à questões de clima, ambiente, direitos humanos, diversidades ética, religiosa, de gênero, hoje a interferência de grupos internacionais e até de governos, organizações de militantes de variedades orientações sexuais, religiões (principalmente evangélicos, católicos, muçulmanos, dom centenas de milhões de fiéis, em laços transacionais), se entende melhor desta guerra morna, sem fronteiras, sem regras, sem leis.

Exemplo dramático com as corporações econômicas dos laboratórios, sem pátria, decidindo vida de milhões de pessoas disputando em posição de superioridade com as nações sobre a aplicação da vacina contra a Covid-19.

A complexidade dos processos demanda expertise em jogo de xadrez ou no jogo Go oriental. O Brasil está em condição de ganhar a partida?

FLAVIO GOLDBERG

(Blog do Fausto Macedo – *Estadão* – 08 jan. 2021)

O PODER SEM VOTO PAUTA A NAÇÃO

Trata-se, creio, de um paradoxo que a estrutura dos modernos estados democráticos apresenta. O único dos três poderes da República que não consulta, diretamente, a vontade e a soberania popular, frequentemente desempenha um papel decisivo nas questões fundamentais que vão influenciar a vida dos cidadãos, desde comportamentos religiosos, sexuais, econômicos até mesmo adentrando em temáticas de alta relevância filosófica como, por exemplo, a dramática celeuma sobre o direito ao aborto que elenca todo este universo.

Para ilustrar com distanciamento e neutralidade alguns aspectos desta realidade vamos citar o impacto extraordinário que implicou na maior democracia ocidental os E.U.A. a escolha de um ministro para a sua Suprema Corte.

De 1953 a 1969, o homem que deixou de disputar o voto popular exerceu na presidência do Tribunal uma influência que ficou, sociologicamente, caracterizada como "Corte Warren".

As decisões então tomadas sobre assuntos os mais relevantes para a formatação do processo social pela Corte emprestaram, definitivamente, muitas das determinantes do mapa psicológico da nação.

O tribunal arrolou na questão racial, no exercício da liberdade religiosa, cidade e outros, estabeleceram regras que podem ser consideradas, na prática, pétreas no cotidiano e nos horizontes do americano comum.

Um caso paradigmático foi o chamado *Gideon* em que um preso, Clarence Gideon de sua cela apresentou uma petição à lápis que sacudiu todo o Poder Judiciário, numa demonstração extraordinária do perfil individualista que acaba por se tornar uma conquista da cultura "self made man" ou a lembrança do l'uomo qualunque italiano, ou o nosso Zé Ninguém.

Lembrar que Gideão na Bíblia não quis ser rei optando por permanecer como juiz embora tenha sido um herói na guerra dos israelenses contra os midianitas: 300 contra 130 mil.

Neste turbulento instante em que os 3 poderes de nossa República se chocam, a escolha de um ministro pode alterar o rumo até da vontade expressa pelo eleitorado composto por milhões de votantes, cabe ponderar sobre esta vivência que a História pinta com cores tão obvias.

Se o regime democrático deve traduzir claramente os desejos políticos da maioria da população brasileira algo precisa ser ajuizado (literalmente) no sentido constitucional para que não se deturpe o próprio "status" da liberdade de escolha, as urnas que não podem ser desprezadas como alguns pretendem com um sacudir de ombros, "não se deve ouvir o rumor das ruas".

Não ultrapassar o princípio do chamado "judicial review", controle da constitucionalidade, sujeita à legitimidade democrática.

Ainda agora Trump sugere contestar decisão nas urnas indo à Suprema Corte. Já o nosso STF é cortejado pelo que já impera...

FLAVIO GOLDBERG
(Blog do Fausto Macedo – *Estadão* – 14 out. 2020)

INCIDENTES CRÍTICOS: SUAS FASES, ESPÉCIES E CARACTERÍSTICAS

Diuturnamente as organizações públicas agem em ocorrências e situações com risco à vida e integridade física de pessoas, danos ao patrimônio e riscos ao meio ambiente. Tais ocorrências podem ser conceituadas como incidentes, sendo que incidente é "uma ocorrência natural ou de causas humanas que necessita de uma resposta para proteger a vida ou a propriedade" (FEMA, 2017). Assim, percebe-se que um incidente pode ser algo natural ou provocado que interfere na ordem natural dos acontecimentos.

Todo cenário que necessitar de tal resposta será um incidente, contudo, devido a sua complexidade e necessidade de envolvimento de vários setores, públicos ou privados, somado à intensidade das consequências apresentadas, ou possíveis de serem apresentadas, à capacidade de resposta das primeiras agências no momento da eclosão do incidente – capacidade de resposta dada pelo seu treinamento e equipamentos apropriados para atendimento desse incidente – essa situação é considerada um incidente crítico.

Um incidente crítico é aqui entendido como qualquer evento que coloque vidas em risco, cause danos graves a patrimônio ou meio ambiente, cause impacto significativo na confiança da sociedade e, por conseguinte, na sensação de segurança, exigindo resposta célere e integrada de diversos órgãos e instituições com emprego conjugado de meios e gestão estratégica para a resolução (RACORTI, 2019).

Ao se observar a incidência de um evento crítico, a resposta da sociedade, através de seus órgãos públicos e particulares, deve ser ágil, integrada e resiliente frente à adversidade, a fim de evitar que seus efeitos se agravem, buscando a eficiência. Para tanto, deve-se aplicar o estado da arte das ciências policiais voltado para o gerenciamento de incidentes de modo a mitigar, prevenir, responder e recuperar os efeitos postulados dessas causas, a fim de evitar ou minimizar as consequências dos incidentes.

VARIEDADE DE INCIDENTES CRÍTICOS

Buscando uma visão didática de forma a simplificar a explanação dos incidentes críticos, é possível classificá-los em quatro tipos, podendo ser desdobrados em outros tantos diversos. Aqueles doutrinariamente visíveis são:

O primeiro tipo consiste no incidente crítico que se materializa durante algum tipo de desastre natural típico, tal como terremotos, furacões, tornados, nevascas e ciclones "bomba", como ocorreram recentemente na região sul do Brasil. Tais incidentes tem como característica principal a não existência da interferência humana ou volitiva na sua causa, tratam-se de fenômenos naturais.

As ações dos respondedores serão voltadas às evacuações, resgates, buscas ou qualquer combinação entre essas. Os efeitos adversos causados pelo incidente serão mitigados e podem ser reduzidos se houver a antecipação e envio de alertas às áreas que serão atingidas, tomando-se as medidas necessárias para a mitigação dos seus efeitos; contudo, o incidente crítico, via de regra, não pode ser impedido, apenas mitigado.

O segundo tipo são aqueles incidentes de natureza "mecânica", tais como um descarrilamento ferroviário, derramamento de material tóxico, acidentes de trânsito com grande número de vítimas e acidentes de avião como o ocorrido em São Paulo com o Fokker 100 da TAM em 31 de outubro de 1996, no Aeroporto de Congonhas, entre outros. Nessa situação trata-se de ações que podem envolver as ações humanas, geralmente de forma involuntária, destacadas através de falta de manutenção, erro humano e outras ações que não sejam ações volitivas humanas. O fator humano é presente, mas não é o único que age na causa do incidente crítico.

Os desastres mecânicos podem ser muito dramáticos, com danos e perda de vidas, mas há a possibilidade de redução de tais incidentes através de medidas de proteção para atenuar os efeitos de desgaste dos materiais envolvidos, isso porque envolvem fatores como fadiga, corrosão, erosão, decomposição e assim por diante, tais falhas e situações podem ser estimadas.

Assim sendo, as ações como manutenção preventiva, revisão, reparo, recondicionamento ou substituição, diminuem a probabilidade de falha e os efeitos adversos, caso ainda ocorram. Este ponto é facilmente ilustrado em colisões de tráfego: a adesão às leis de trânsito reduz os acidentes, mas não os elimina, cintos de segurança, *airbags* e "zonas de esmagamento" nos carros reduzem lesões em acidentes de trânsito, mas também não os eliminam.

O terceiro tipo envolve situações com agentes químicos, biológicos, radiológicos, nucleares e explosivos (QBRNE) – ou da sigla em inglês *chemical, biological, radiological, nuclear and explosives agents* (CBRNE). As agências devem reconhecer que as atuações no ambiente CBRNE são altamente especializadas, com treinamento distinto e requisitos de equipamentos diferenciados. Esses incidentes normalmente terão uma resposta regional coordenada por múltiplas agências, pública ou privadas, em suas mais diversas esferas (municipal, estadual ou federal).

Um incidente de tal tipo ocorrido no Brasil, precisamente na cidade de Goiânia, pode ser considerado um dos maiores incidentes radiológicos registrados no mundo, sendo esse causado pela substância Césio 137 – substância radioativa que se espalhou por Goiânia e ocasionou quatro mortes, além de deixar mais de mil pessoas contaminadas.

O quarto tipo trata dos incidentes críticos de conflito, situação na qual existe um ou mais suspeitos que devem ser capturados, imobilizados ou eliminados. Os exemplos incluem marginais barricados, tomadores de reféns, criminosos em fuga, ação de quadrilhas organizadas ultraviolentas, entre outros. Ao contrário dos demais incidentes, nesse caso há a ação volitiva de um agente humano, quer seja submetido por vontade e raciocínio próprio ou por doenças e perturbações mentais.

Embora os três primeiros incidentes críticos possam resultar em um grande número de vítimas, devido as consequências decorrentes, tais como incêndios de grandes proporções, inundações, quedas de avião, derramamentos de materiais tóxicos, os incidentes de conflito apresentam um agente adversário que está envolvido ativamente, buscando frustrar a vontade do agente público, agindo de maneira racional ou forçada por problemas e/ou perturbações mentais.

Os incidentes de conflito são mais perigosos e complexos, atuando por diversas vezes na psique humana, o que evidencia a necessidade lógica de, para que as instituições públicas tenham sucesso, o suspeito ou o grupo sejam desencorajados de iniciar ou prosseguir em seus objetivos ilegais, ou ainda, que os agentes públicos reconheçam a inabilidade e entendimento dos agentes agressores e possam agir de forma célere e efetiva contra eles.

O objetivo buscado pelos responsáveis pela resolução do incidente é que este seja resolvido com sucesso, com o mínimo de perdas de vida, ferimentos ou danos, pois, qualquer que seja o incidente crítico, a intervenção ao evento será sempre julgada pelo resultado.

FASES DO INCIDENTE CRÍTICO

Segundo o Federal Bureau of Investigations (FBI) dos Estados Unidos (EUA), agência federal americana, uma gestão de incidentes eficaz desenvolve-se cronologicamente em quatro fases, conforme segue:

- Fase I: Mitigação;
- Fase II: Preparação;
- Fase III: Resposta;
- Fase IV: Recuperação.

A primeira fase é a mitigação e refere-se a atividades projetadas para prevenir, evitar ou reduzir as perdas decorrentes dos incidentes. Os esforços de mitigação quase sempre envolvem ações de longo prazo, como reforço de estruturas, instalação de fontes de energia de *backup* para instalações críticas, educação da comunidade, aprovação de códigos de construção, zoneamento e alterações no ordenamento jurídico.

A segunda fase é a preparação. Esta fase está focada no planejamento para uma resposta eficaz e necessariamente inclui estabelecer prioridades, organizar, equipar e treinar pessoal para as funções esperadas quando necessário. Da mesma forma, essa fase inclui a realização de exercícios práticos para testar planos de contingência e simulações, buscando uma melhora continua e integração dos Órgãos Públicos e Privados, bem como a comunidade envolvida.

Não obstante as condições ambiciosas ou modestas do programa de uma organização pública ou privada, é essencial que haja treinamento continuado quando se busca assegurar uma probabilidade razoável de sucesso.

Quando comparadas às atividades envolvidas nas demais fases, essas ações tendem a ser as mais efetivas em termos de custo e efetividade.

A fase de resposta envolve a mobilização de pessoal e equipamento para responder a uma situação prevista ou em desenvolvimento. As ações na fase de resposta são, necessariamente, fortemente focadas na preservação da vida e da propriedade e incluem ações como evacuações, quarentenas, buscas e resgates, primeiros socorros, combate a incêndios, prisões, abrigo e desinfecção.

Essa fase pode incluir funcionários públicos e voluntários da comunidade devidamente treinados e credenciados; contudo, ela é predominantemente composta por profissionais dos serviços de segurança, particularmente os bombeiros e os policiais.

A última fase é a recuperação, durante a qual, na medida do possível, as atividades concentram-se em restaurar rapidamente uma área e pessoas afetadas ao seu estado anterior. Essa fase geralmente se sobrepõe à fase de resposta e começa com o restabelecimento da ordem. Como a fase de recuperação tende a ser prolongada e, de fato, integra-se com uma nova fase de mitigação na preparação para outro episódio, encerrando e iniciando um novo ciclo de aprendizagem e atuação.

CARACTERÍSTICAS DOS INCIDENTES CRÍTICOS

O doutrinador americano Sid Heal, em seu livro *Field Command* (2012), reconhece cinco características existentes em todos os incidentes críticos:

A primeira é a incerteza, sempre há uma falta de informações e normalmente o que está disponível é incompleto, confuso, ambíguo e, às vezes, até conflitante. Embora seja verdadeira em todos os incidentes, é especialmente maior nos incidentes de conflito.

Isso ocorre porque a própria natureza do incidente de conflito impossibilita a certeza do que de fato está ocorrendo nos momentos iniciais. A interação dinâmica entre a vontade do suspeito e a vontade do gestor torna os conflitos especialmente difíceis e complexos. A incerteza está sempre presente e permeia essas situações devido à falta de conhecimento sobre o suspeito, terreno, clima, vítimas e até de agentes de outros órgãos públicos e privados.

Essa incerteza exige que os tomadores de decisão do incidente tomem atitudes nos momentos iniciais baseados em probabilidades para as quais, invariavelmente, faltam informações. Este momento é descrito como o "momento do caos".

O "momento do caos" pode ser definido como aquele em que ocorre a quebra da ordem pública de forma violenta e abrupta, com perspectiva real e iminente de resultados letais ou danos graves. Seus efeitos podem se seguir, mesmo sem restrição espacial, devido às características do incidente, destacando-se a forma confusa, desordenada, com poucas informações e escassez de recursos (RACORTI 2019).

A gestão apropriada do incidente nos momentos iniciais é essencial para um resultado positivo e caracteriza-se por um período de ação contínua e célere, momento que as animosidades e conceitos políticos podem e devem ser deixados de lado, sendo necessário agir de forma coordenada, conseguida através de um planejamento inicial.

A segunda característica dos incidentes é que eles são sensíveis ao tempo, sendo únicos e temporários. São únicos pois provêm de fatores que estão inseridos em um determinado lugar, circunstâncias e momento. São temporários porque os resultados que ocorrem durante o evento afetam o próximo conjunto de circunstâncias.

Em um incidente crítico de conflito, o agressor que pode explorar mais rapidamente as circunstâncias em seu benefício ganha vantagem. Além disso, uma decisão e/ou ação atrasada muitas vezes se torna ineficaz porque as circunstâncias terão mudado.

Assim, todas as operações táticas são sensíveis ao tempo. Quando um agressor está envolvido, eles não são apenas sensíveis ao tempo, mas também competem com o tempo.

A terceira característica é o potencial de consequências graves. Todos os incidentes críticos são definidos como uma mudança inerente, abrupta e decisiva. Por isso não podemos atuar com uma resposta tímida e sem brilho, as contramedidas devem ser proporcionais para impedir que os eventos não se potencializem ainda mais, carecendo de uma tomada de decisão eficaz.

Da mesma forma, é improvável que uma intervenção descoordenada, desorganizada ou fora de foco evite um agravamento do incidente. Por exemplo, considere uma situação em que uma escola está sendo alvo de pichações e vandalismo de adolescentes durante o horário de intervalo. A aplicação da lei pode reduzir a probabilidade desses atos, mantendo uma alta visibilidade, interpelando pessoas suspeitas e aplicando rigorosamente as ações corretivas no ambiente escolar. Eles podem até pedir aos funcionários da escola que fechem suas áreas de recreação durante esses períodos.

Igualmente, eles podem reduzir os danos e incentivos empregando ações de redução, como remover imediatamente o grafite e incentivar o apoio da comunidade escolar com a participação de todos no processo. O mesmo acontece com operações táticas. Embora o risco nunca possa ser completamente eliminado, é responsabilidade dos comandantes táticos reduzi-lo ao máximo possível.

A quarta característica identificada por Heal, a presença do elemento humano, é imprescindível. De fato, sem impacto sobre os seres humanos, é impossível que ocorra um incidente crítico. O lado de quem atua na resposta desenvolve esforços para a solução da crise. O evento é moldado pela preparação para quem deve atuar, com treinamento, educação e experiência além de fatores intrínsecos, tais como maturidade, temperamento e personalidade.

Existem gestores excelentes em várias funções administrativas, mas incapazes de funcionar no ambiente de ritmo acelerado de um incidente crítico, no qual há pouco tempo para refletir e certamente nenhum tempo para questões de pessoal, como geralmente ocorre com questões menos urgentes. As decisões táticas devem ser tomadas e executadas em segundos, pois vidas estão em risco.

O fator fundamental nos incidentes de conflito é o desacordo irreconciliável entre partes com interesses contraditórios. Tais situações são especialmente suscetíveis a mudanças e são inflamadas e moldadas por emoções e personalidades humanas. Como resultado, o elemento humano tende a ser não apenas um fator importante, mas também altamente imprevisível.

Como quinta característica, o risco está intrínseco em todos os incidentes críticos. Alguns riscos são diretamente ligados aos gestores, principalmente quando o tomador de decisão é exposto a danos físicos ou emocionais ou quando o fracasso pode resultar em dificuldades ou contratempos na carreira.

Também haverá riscos para outros, como quando os esforços para alcançar uma resolução bem-sucedida aumentam o risco dos agentes que vão atuar diretamente na área quente do incidente.

Quase sempre, há risco organizacional – esse risco pode envolver perda de equipamentos, ativos ou prestígio. Os gestores tentam reduzir o risco buscando informações melhores, mais oportunas e mais precisas, mas como isso nunca é totalmente possível, o risco é inevitável, principalmente no momento do caos, quando as melhores informações ficam relegadas a um segundo momento.

Essas cinco características se tornam presentes de inúmeras maneiras e combinações em todas as operações em incidentes críticos. Os gestores que as reconhecem como intrínsecas a todo e qualquer incidente não são tão propensos a ser surpreendidos ou desencorajados quando as experimentam. Entretanto, não estão isentos desses erros. Todas as formas de planejamento e preparação são utilizadas para mitigar e restringir erros, mas essa variável não pode ser excluída da equação e a ação em um incidente crítico jamais pode ser condicionada à garantia de perfeição, pois tal situação não existe.

CONCLUSÃO

As habilidades essenciais para autuar em incidentes são inúmeras, mas são relativamente fáceis de ensinar e aprender. O conhecimento e a compreensão do que está efetivamente acontecendo são muito mais complexas e exigem uma análise e atenção aos fatores e influências envolvidos e na forma como interagem, gerando uma reação durante e após o incidente.

Somente através do autoestudo os gestores das organizações responsáveis em atuar nos incidentes críticos vão construir uma estrutura interna sistematizada de conhecimento profissional e, assim, aproveitar os erros de incidentes anteriores para buscar e criar uma biblioteca de lições aprendidas para que se possa salvar vidas e gerir recursos com mais eficiência, podendo transmitir esse conhecimento aos demais gestores e operadores do gerenciamento de incidentes, poupando-os da necessidade de tomada errada de decisão para o seu aprendizado.

O conhecimento das formas de ação e das fases de um incidente crítico permitem estudar sua anatomia e preparar os gestores para suas ações, conhecendo suas características como ditadas por Heal (2012). Isso aumenta as chances de sucesso, sempre lembrando que o risco da imperfeição é inerente e faz parte das ações dos tomadores de decisão.

Os incumbidos por essas organizações enfrentam responsabilidades de vida e morte e cabe a eles compartilhar estruturas de aprendizado e aplicação. Afinal, quando vidas estão em risco não é possível dar-se ao luxo de tropeçar no estabelecimento de uma resposta.

REFERÊNCIAS

FEMA. *National Incident Management System – NIMS*. 3ª ed. Washington: United States of America – Department of Homeland Security, 2017.

HEAL, C. S. *Sound Doctrine: a Tactical Primer*. The Tactical Edge, 1ª, 2000.

HEAL, C. S. *Situational awareness and a common operational picture*. The Tactical Edge, p. 43, Winter 2002.

HEAL, C. S. *Field Command*. New York: Lantern Books, 2012.

HEAL, C. S. *Tactics, Techniques and Procedures (TTP)*. The Tactical Edge, p. 70, Summer 2015.

KLEIN, G. *Fontes do poder: o modo de como as pessoas tomam decisões*. 1ª ed. Cambridge: Instituto Piaget, 2001. ISBN – 9789727713790.

LIEBE, B. *ICS and Unified Command: a Decade Later*. The Tactical Edge, Colorado Springs, p. 30, Março 2016.

LIEBE, B. *Preparing for a Regional Response to a Multijurisdictional Incident*. The Tactical Edge, Colorado Spring, p. 22, 2017.

MCCHRYSTAL, S. A. *Team of teams: new rules of engagement for a complex world*. Recife: Portfolio, 2015.

MISTER POSTMAN – Marketing Digital. *A importância de um bom briefing para a sua estratégia*. Mister Postman Marketing Digital, 2019.

RACORTI, V. S. *Proposta estratégica para atualização, difusão e emprego da doutrina de gerenciamento de incidentes na Polícia Militar do Estado de São Paulo*. São Paulo: Monografia de conclusão do Doutorado em Ciências Policiais de Segurança e Ordem Pública. Centro de Altos Estudos de Segurança CAES "Cel PM Nelson Freire Terra". Polícia Militar do Estado de São Paulo, 2019. 81 p.

VALMOR RACORTI
(*Velho General* – 26 set. 2020)

PROPOSTA ESTRATÉGICA PARA ATUALIZAÇÃO, DIFUSÃO E EMPREGO DA DOUTRINA DE GERENCIAMENTO DE INCIDENTES NA POLÍCIA MILITAR DO ESTADO DE SÃO PAULO

INTRODUÇÃO

Nos últimos cinco anos, 16 policiais militares foram mortos em serviço, sendo que desse total 14 se foram em virtude de ocorrências nas quais os procedimentos adotados no gerenciamento de incidentes dinâmicos - aqueles eventos cujos impactos não se limitam a um espaço geográfico determinado, em razão da sua natureza, dos atores envolvidos que se encontram em movimento, tornando difícil a adoção das medidas iniciais de contenção e isolamento, exigindo uma resposta imediata da primeira força policial interventora, a fim de alcançar a mitigação dos seus efeitos e, posteriormente, o acionamento das demais ações do Estado e outras organizações.

Sob esse aspecto, destaca-se a importância de ações rápidas e precisas com resposta adequada nas fases iniciais pois, como estudaremos a seguir, houve casos de incidentes graves que, por não terem sido contidos num primeiro momento, sejam por características ambientais, diferenças bélicas ou quaisquer outros fatores externos, evoluíram de modo catastrófico e trouxeram resultados negativos.

Ao avaliar tais casos, foi possível perceber deficiências em alguns aspectos quanto ao atendimento de incidente críticos policiais em sua modalidade **dinâmica**, em que o agressor, ou agressores, não se restringem a um ponto geográfico específico e atuam de forma coordenada e organizada, com um objetivo em comum o crime.

Dessa forma, foram levantadas as seguintes hipóteses/possibilidades de evolução nos processos:

- a implantação de uma filosofia de Sistema de Comando e Controle de Incidentes com comando unificado de modo a auxiliar as ações de incidentes dinâmicos, preservando vidas, recursos materiais, meio ambiente e aplicando as leis;
- a capacitação de profissionais para atuar como gerentes dos incidentes, ou comandantes dos incidentes, em uma esfera acima do local de incidente - estratégia essencial para a correta aplicação dos recursos humanos e materiais em uma situação crítica. Para tanto, o comandante deveria ser treinado nos princípios de gerenciamento de incidentes, em um aspecto amplo, não focando apenas no incidente como um objeto ou mandatório de ação, mas sim de uma forma sistêmica e global;
- a atualização da doutrina para uma correta utilização dos seus princípios, haja vista a obsolescência das doutrinas em que se embasou e pelo fato de que estar sendo utilizada sem grandes alterações desde que surgiu no Brasil, há cerca de 24 anos;
- por fim, o treinamento e aprendizagem daquele que estará na dianteira do incidente, que atuará no momento caótico, que chamamos de **primeiro interventor**. Partindo-se do pressuposto que a interiorização dos princípios do gerenciamento de incidentes e os treinamentos simulados permitirão atuar de forma mais célere, pontual e profissional, compreendemos que segundos no processo de intervenção podem ser a diferença entre o sucesso e o fracasso da sua situação.

Devemos compreender que a ação a ser empregada pelo primeiro respondedor (primeiro interventor) vai depender única e exclusivamente de sua análise inicial, que se perceber o risco iminente a vida, deverá imediatamente agir com uso proporcional da força para cessar a ação do causador do incidente, como exemplo prático podemos citar o caso de atirador ativo em uma escola ou no caso de um ataque terrorista de um lobo solitário.

No caso de um incidente criminal de uma quadrilha organizada articulada, o primeiro respondedor poderá aplicar contenção e isolamento e o acionamento de apoio especializado.

Isso posto, o foco desse trabalho volta-se à possibilidade de implementação das medidas supracitadas, sobretudo, com o objetivo de atualizar e adaptar métodos, conceitos e estruturas organizacionais em níveis tático/operacional e político/estratégico para melhor atuação da Polícia e efetiva garantia da segurança e ordem pública aos cidadãos paulistas.

Trata-se de uma pesquisa qualitativa, considerando a abordagem histórica e evolutiva da doutrina de gerenciamento de incidentes/crises no Brasil, tendo como referencial comparativo a experiencia norte-americana e a avaliação de como tem sido aplicada à prática. Para tanto, a metodologia da pesquisa baseia-se em pesquisa bibliográficas, entrevistas e análises de procedimentos adotados em incidentes/crises anteriores.

ORIGEM E ATUAL FUNCIONAMENTO DO GERENCIAMENTO DE CRISES NA PMESP

A Polícia Militar de São Paulo (PMESP) tem, no âmbito do Estado, a atribuição constitucional de polícia ostensiva e a preservação da Ordem Pública[1] em seu mais amplo espectro preventivo, a fim de garantir a efetivação dos direitos humanos consagrados na Constituição Federal de 1988.

Esse aspecto preventivo vai ao encontro do conceito de **Segurança Humana** ou Segurança Alargada, utilizado oficialmente pela primeira vez em 1994 (ESCORREGA, 2009), uma vez que os conflitos atuais,

---

1 BRASIL. Constituição (1998). Constituição da República Federativa do Brasil. Brasília, DF: Senado Federal: Centro Gráfico, 1998. 292

denominados de **guerra de 4ª geração**,² caracterizam-se pela perda do monopólio da guerra pelos Estados para entes não estatais como, por exemplo, crime organizado, terrorismo fundamentalista ultrarradical, terrorismo criminoso, terrorismo secular, explosões a caixas eletrônicos, sedes e veículos de transporte de valores, novo cangaço, *prison gangs*, *black bloc*, entre outros (FERNANDES, 2012).

Dessa forma, majoritariamente, a PMESP é a primeira "face do Estado" a ter contato com as mais variadas ameaças de perigo ou lesões aos direitos fundamentais dos indivíduos, devendo repará-los e garantir o direito à vida, à locomoção, à paz social, à incolumidade das pessoas e do patrimônio, à saúde, dentre outros.

Ocorre que, durante essa tentativa de efetivar a proteção desses direitos, são gerados incidentes policiais dos mais simples, que requerem a atuação de uma patrulha para pronto restabelecimento da ordem, até os graves e complexos, os quais demandam resposta institucional integrada e coordenada.

Com base na necessidade de atuar nesses incidentes complexos, inicia-se no Brasil em 1995 a doutrina de gerenciamento de crises, traduzida por meio de trabalhos acadêmicos que foram de extrema importância para a disseminação dessa doutrina em âmbito nacional, tal como o trabalho apostilado do Delegado de Polícia Federal, Roberto das Chagas Monteiro, e, posteriormente, pela dissertação de mestrado do, então, Capitão de Polícia Militar do Estado de São Paulo, Wanderley Mascarenhas de Souza, trabalho apresentado na conclusão do Curso de Aperfeiçoamento de Oficiais (CAO) I/1995 **que até hoje norteiam as negociações e ações dos Grupos Especiais de Polícia na solução de eventos críticos.**

Em entrevista informal, realizada pelo autor, o Coronel Mascarenhas afirmou que os fatos da época difundiam conceitos generalistas, ou seja, pretendiam compreender todas as ações policiais complexas da Polícia Norte-Americana, entretanto, o Oficial fez adaptações para abordar os principais conceitos para a atuação do Grupo de Ações Táticas Especiais (GATE), à época subunidade do 3º Batalhão de Polícia de Choque – "Batalhão Humaitá", e da PMESP.

---

2 São formas evoluídas de insurreição que "utilizam todas as redes disponíveis – políticas, econômicas, sociais e militares – para convencer os decisores políticos inimigos de que os seus objetivos estratégicos são inalcançáveis ou demasiado custosos, quando comparados com os benefícios percebidos".

O conceito de crise trazido da Academia Nacional do FBI pelo pesquisador em 1995 era traduzido como "**um evento ou situação crucial, que exige uma resposta especial da Polícia, a fim de assegurar uma solução aceitável**" (SOUZA, 1995) e abordava métodos de gestão de crises com reféns, ou seja, eventos policiais cujas circunstâncias possibilitavam a contenção, isolamento do local e a verbalização com os causadores/criminosos.

Essa é a realidade em que a PMESP se apoia até o presente momento, pois todos os seus recursos doutrinários – a estrutura de gerenciamento de crises fundamentada – descreve que esse é o procedimento correto: conter, isolar e estabelecer contato sem concessões.

Ocorre que o FBI reconheceu que a doutrina de gerenciamento de crises não era capaz, por si só, de responder a alguns eventos como, por exemplo, o Incidente Policial conhecido como "Massacre de Columbine", havido na escola secundária Columbine, na cidade de Littleton, Colorado, EUA, em 20 de abril de 1999, quando dois atiradores ativos entraram na escola e deixaram 13 mortos e 21 feridos.

Os agentes de segurança na ocasião seguiram os protocolos de um incidente com refém, adotando as medidas iniciais de conter o local, isolar o ponto crítico e estabelecer contato na tentativa de resolução pacífica da ocorrência, enquanto aguardavam a chegada das equipes da Special Weapons And Tactics (SWAT).[3]

Todavia, em retrospectiva, Columbine poderia ser tudo, menos uma ocorrência de reféns. Mas eram assim os protocolos seguidos na ocasião.

Enquanto a polícia realizava a contenção, o isolamento e aguardavam do lado de fora a chegada das equipes da SWAT, os dois adolescentes, atiradores ativos, faziam suas vítimas livremente. Esse evento foi um marco para que se reavaliassem as ações da policial em ocorrências complexas dessa natureza.

Em 2013, após a publicação da Diretriz nº PM3-001/02/13, houve uma pequena evolução em determinados conceitos do Gerenciamento de crises, graças à novas terminologias e conceituações dispostas naquele documento.

Dessa forma, mesmo com a manutenção do nome de "crises", ocorreu uma transformação do conceito, agora compreendido de forma

---

3 Tradução "Armas e Táticas Especiais".

mais abrangente, ainda longe do ideal, mas contava com uma evolução referente ao modelo anterior.

Assim, em 2013, surge o conceito para o termo crises:

> (..) considera-se crise o episódio grave, desgastante, conflituoso, de elevado risco, em que a perturbação da ordem social venha a ameaçar ou a causar danos a indivíduos ou a grupos integrados na coletividade, exigindo, para tanto, atuação célere e racional dos organismos policiais; (PMESP, 2013)

Dentre as mudanças que podem ser percebidas, uma delas refere-se à frase "atuação célere e racional dos organismos policiais" que, embora de sutil diferença, traz uma transformação na ideia principal, na qual deixa de existir a frase "solução aceitável" para se observar o mote: "atuação célere e racional dos organismos policiais", dessa forma, evidencia-se um maior profissionalismo e também deixa implícito o entendimento de que a resolução de tal conflito ou crise não será apenas da polícia, mas com o termo "organismos policiais" pode-se observar um aspecto mais amplo, atingindo qualquer órgão que possua poder de polícia, em sua esfera de atribuição.

Entretanto, ainda não há uma expansão para terceiros interessados, outros órgãos públicos ou "organismos públicos", o que traria uma maior relevância ao conceito e sua aplicação.

Quanto ao termo gerenciamento de crises, este manteve sua base no conceito de crises, logo, para Souza (1995), o gerenciamento de crises "é o processo de identificar, obter e aplicar os recursos necessários à antecipação, prevenção e resolução de uma crise". A atualização deste termo também ocorreu à PMESP, voltado para as ações policiais, novamente em 2013, no qual o conceito passou a ser dito como, gerenciamento de crises é o "processo de identificar, obter e aplicar os recursos necessários à antecipação, prevenção e **gestão** de uma crise.

Aqui, a principal mudança nesse conceito é a alteração da palavra **resolução** por **gestão** e a inclusão no conceito dos objetivos do gerenciamento de crises definidos em 1995 (SOUZA, 1995).

A alteração do termo resolução por gestão demonstra uma atualização da doutrina e um maior profissionalismo de seus agentes, pois se há o entendimento de que não basta buscar resolver o problema que se apresenta, a crise, mas buscar todo um sistema de gestão, administrando da melhor maneira e com a maior eficiência possível, não apenas sendo eficaz.

Gerir a crise nos remete à ideia de trabalhar outros órgãos e meios para sua resolução, buscando outras opções e soluções para o que se apresenta, não residindo essa resolução nas mãos únicas da polícia.

Acrescentar os objetivos diretamente no conceito de gerenciamento deixa clara a visão do que se busca e onde se almeja chegar, permitindo que em um único conceito entenda-se toda a filosofia até então empregada.

Esse se torna o cenário atual no que se refere a crises: busca trabalhar em sua gestão, adotando novos caminhos e apoio, contudo, ainda atua na consequência, com pouco foco na antecipação e prevenção, pois o gerenciamento, na prática, ocorre após instaurado a crise e não em seus momentos anteriores.

SISTEMA DE COMANDO E OPERAÇÕES E EMERGÊNCIAS – SICOE

Acompanhando as evoluções mundiais no campo do gerenciamento de incidentes, em 1995 o Corpo de Bombeiros da Polícia Militar do Estado de São Paulo (CBPMESP) institui o SiCOE, inspirado no *Incident Command System* (ICS) desenvolvido pelos Bombeiros da Califórnia, nos Estados Unidos da América (EUA).

Conforme definido pela Diretriz nº CCB – 004/931/14 – Sistema de Comando de Operações e Emergências – SiCOE, trata-se de uma:

> "(...)doutrina pela qual todo e qualquer atendimento emergencial do Corpo de Bombeiros deve ser gerenciado, por qualquer nível de comando, facilitando o entrosamento e o apoio operacional entre as equipes emergenciais dos Estados da federação." (PMESP, 2014).

O conceito acima disposto deixa claro que o SiCOE deve ser aplicado ao **atendimento emergencial do Corpo de Bombeiros** e trabalhará pelo **entrosamento e o apoio operacional entre as equipes emergenciais dos Estados da federação** (PMESP, 2014) (grifo do autor). Não fosse a atribuição expressa para o atendimento de emergências do Corpo de Bombeiros, poderia ser entendido para todas as ações da PMESP, tendo como princípio que as equipes territoriais de patrulhamento podem ser consideradas **equipes emergenciais**, contudo, graças a essa atribuição, perde- se, *in tese*, a aplicabilidade em âmbito geral.

Os conceitos e terminologias foram publicados como anexo à Diretriz que definiu e atualizou o SiCOE no CBPMESP, dentre os termos mais importantes publicados está o termo **incidente**, que, embora não conceituado pelo SiCOE em seu glossário, encontra correspondência ao termo emergência, este sim lá definido como: "(...) qualquer incidente, seja natural ou de causas humanas, que exige uma ação de resposta para proteger a vida ou propriedade" (PMESP, 2014).

A relação pode ser observada quando se analisa o termo incidente, publicado pelo glossário americano, o qual trata como incidente "uma ocorrência, natural ou de causas humanas que necessita de uma resposta para proteger a vida ou propriedade. (...) inclui eventos planejados bem como emergências e/ou desastres de todos os tipos e tamanhos" (FEMA, 2017) (tradução do autor).

Nesse conceito de incidente, o que se torna digno de nota é o fato de que não há uma limitação a sua utilização, compreendendo tanto as ações de emergência, próprias do CBPMESP quanto as ações policiais, próprias das equipes de patrulhamento e outras equipes da PMESP.

Assim, através do SiCOE temos a introdução do termo incidente na PMESP, ainda voltada para as questões de salvamentos e emergências, contudo, de extrema valia para o conhecimento futuro.

INCIDENT COMMAND SYSTEM – (ICS)

Para compreender a inspiração da PMESP para criação do SICOE, é válido entender que o ICS foi desenvolvido nos Estados Unidos, após uma série de incêndios florestais na década de 1970, chamado inicialmente *Firefighting Resources of Southern California Organized for Potential Emergencies* (FIRESCOPE).

Como definição, temos que o ICS é:

> O ICS é uma abordagem padronizada para o comando, controle e coordenação do gerenciamento de incidentes no local que fornece uma hierarquia comum dentro da qual o pessoal de várias organizações pode ser eficaz. O ICS especifica uma estrutura organizacional para gerenciamento de incidentes que integra e coordena uma combinação de procedimentos, pessoal, equipamento, instalações e comunicações. (NIMS, 2018).

O ICS permite que diversas agências trabalhem juntas de uma maneira coordenada e eficaz, admitindo a participação de todos os níveis governamentais e também do terceiro setor (NIMS, 2018), atuando em uma camada local, incidental, diretamente no ponto do incidente.

Para sua atuação e implantação, o ICS se estrutura em seis áreas funcionais principais, a saber:
- Comando;
- Operações;
- Planejamento;
- Logística;
- Finanças/Administração; e
- Inteligência/Informação.

Figura 1 – Estrutura do Sistema de Comando de Incidentes

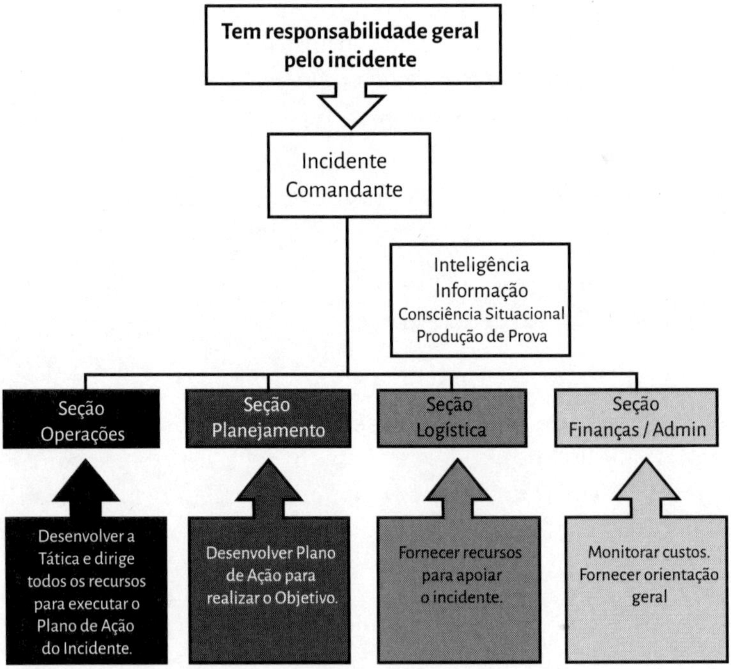

```
                    ┌─────────────────────────┐
                    │ Tem responsabilidade geral │
                    │     pelo incidente       │
                    └─────────────────────────┘
                                │
                                ▼
                    ┌─────────────────────────┐
                    │       Incidente         │
                    │      Comandante         │
                    └─────────────────────────┘
                                │
                    ┌─────────────────────────┐
                    │      Inteligência       │
                    │       Informação        │
                    │  Consciência Situacional │
                    │    Produção de Prova    │
                    └─────────────────────────┘
```

Seção Operações	Seção Planejamento	Seção Logística	Seção Finanças / Admin
Desenvolver a Tática e dirige todos os recursos para executar o Plano de Ação do Incidente.	Desenvolver Plano de Ação para realizar o Objetivo.	Fornecer recursos para apoiar o incidente.	Monitorar custos. Fornecer orientação geral

Fonte: Elaborado pelo autor

Podendo ainda existir uma sexta área funcional, caso haja a necessidade de uso desse recurso: a área de Inteligência/Investigações (NIMS, 2018).

A origem do ICS guarda relação direta com as atuações de bombeiros e socorristas e, por isso, é verificado que, tanto nos Estados Unidos, quanto no Brasil, as forças policiais demoraram a utilizar esses sistemas. E, no Brasil, os Bombeiros Militares se encontram em níveis mais avançados de ICS.

Historicamente podemos colocar como marcos do ICS, conforme demonstrado pela Secretária Nacional de Segurança Pública do Ministério da Justiça (SENASP/MJ) (2009), os anos de:

- 1970 – Incêndios na Califórnia e necessidade de implantação de um sistema que agregasse múltiplas agências, governamentais ou não;
- 1973 – Primeira versão escrita e padronizada do ICS;
- 1980 – Utilização e segunda versão ICS;
- 2003 – Publicação do HSPD5 – Homeland Security Presidential Directive nº 5, que transforma o ICS em uma ferramenta para uso em um sistema maior.

CENTRO DE OPERAÇÕES DA POLÍCIA MILITAR DE SÃO PAULO (COPOM)

Não há como analisar a atual aplicação da doutrina de gerenciamento de incidentes/crises na PMESP sem citar a principal ferramenta que intermedia e viabiliza os atendimentos dos 45.919.049[4] habitantes dos 645 municípios do Estado de São Paulo. Este sistema busca controlar ocorrências e estabelecer uma comunicação direta entre os cidadãos e o serviço de segurança pública ostensivo.

No período de janeiro a junho de 2019, por exemplo, foram geridas 11 mil ocorrências por dia (190/193), além de 18 mil unidades de serviço acionadas por dia no mesmo período. O número de chamadas de emergência foi de 10.897.568, enquanto 3.752.345 unidades de serviço foram acionadas.

Tais dados e informações demonstram a efetividade e a presença da PMESP em todo o estado, diuturnamente tal situação implica que a Corporação será sempre o primeiro órgão a perceber e responder às agruras do cidadão paulista, corroborado por Aguilar (2019):

> Nessa linha de raciocínio, o COPOM ganha total relevância, pois, além de possuir vocação para alojar um EOC com tecnologia C5I, é o primeiro órgão a perceber e a responder com agilidade e resiliência, em tempo real, a incidentes de todas as ameaças e tamanhos. Sua capacidade responsiva lhe é própria, visto que domina ativos operacionais dotados do conceito *boots on the ground* (botas no chão), atuando 24/7 em todos os municípios do estado de São

---

4 Conforme informações extraídas do site do IBGE (2019).

Paulo. Já a sua capacidade de perceber incidentes em tempo real decorre dos *ativos cinéticos* representados pelos policiais dispostos no terreno e dos *ativos cibernéticos* (sensores cibernéticos) exemplificados acima.

Os números são positivamente impressionantes, entretanto com um olhar mais atento é possível perceber que as dificuldades de integração são muitas, apesar das ferramentas de inteligência disponíveis, como Sistema Operacional da Polícia Militar (SIOPM), COPOM ONLINE, Sistema de Fotografias Criminais (FOTOCRIM), Sistema DETECTA, Sistema de Informações Criminais (INFOCRIM), Sistema de Processamento de Dados do Estado de São Paulo (PRODESP) e Sistema Integrado Nacional de Segurança Pública (SINESP). Assim como a integração com os sistemas de finanças, comunicação social, planejamento, recursos humanos e inteligência, com serviços públicos – metrô, Grupo de Resgate e Atendimento de Urgência (GRAU), da Companhia Paulista de Trens Metropolitano (CPTM), São Paulo Transportes (SP TRANS), CET, GCM, Polícia Civil (PC) – e demais Secretarias de Estado.

Em pesquisa de campo, no ano de 2019, constatou-se que os 11 COPOM, o Policiamento Rodoviário Estadual e a Polícia Ambiental não se comunicam entre si.

Essa ausência de comunicação integrada se traduz em péssima consciência situacional e imagem operacional compartilhada, binômio esse fundamental para proporcionar tomadas de decisões mais precisas e mais velozes.

Charles Sid Heal, importante doutrinador estrategista de segurança pública nos Estado Unidos, em publicação na Revista *The Tactical Edge* explica ambos precisamente:

> A consciência situacional é um conceito que descreve o conhecimento e a compreensão de uma pessoa sobre as circunstâncias, os ambientes e as influências em relação aos desdobramentos de uma situação.
> Imagem Operacional Comum é simplesmente o conhecimento e a compreensão compartilhados entre indivíduos, equipes ou grupos.
> Embora de natureza semelhante, a Consciência Situacional e a Imagem Operacional Comum são diferentes em muitos aspectos. Por exemplo, a consciência situacional pertence a um indivíduo, enquanto uma imagem operacional comum, por definição, pertence a um grupo. Isso tem duas implicações. Primeiro, cada uma serve a um propósito. A consciência situacional destina-se a fornecer a um indivíduo uma visão e uma descrição, enquanto uma imagem operacional comum cria compreensão compartilhada para aprimorar a colaboração e criar sinergia. (HEAL, 2002, p. 43). (tradução nossa).

No ano de 2006, quando este autor era Chefe de Operações do COPOM, houve um incidente crítico, que mais tarde ficou conhecido como ataques de 2006. Neste episódio, em um espaço de tempo de aproximadamente 10 horas (das 20h00 do dia 12 de maio às 06h00 do dia 13 de maio), 17 policiais/agentes penitenciários foram mortos e outros 15 foram feridos, em um total de 24 ataques, sendo que 80% dos ataques ocorreram de forma coordenada na primeira hora.

À época, a falta de comunicação integrada, de um comandante de incidente com poder de tomada de decisão política estratégica e o conhecimento da doutrina internacional de ataques múltiplos coordenados, foram fatores decisivos que custaram vidas, uma vez que todos os ativos operacionais do Estado não proporcionaram consciência situacional e imagem operacional compartilhada com qualidade e, principalmente, com ultravelocidade para os policiais que estavam com *Boots on the Ground* – Botas no chão (AGUILAR, 2019).

Atualmente, a estrutura está evoluindo, o COPOM de São Paulo, por exemplo, possui uma sala de Gerenciamento de Crises bem equipada, com capacidade de transmitir videomonitoramento em tempo real, Sistema Olho de Águia e plataforma de observação elevada (que não funcionam em um regime 24/7)[5] e outras ferramentas que auxiliam no processo decisório, no entanto, embora em uma situação melhor que em 2006, ainda apresentam diversas dificuldades de integração e coesão dos trabalhos.

Outra lacuna observada durante a pesquisa foi que algumas ocorrências no âmbito do Comando de Policiamento do Interior, sequer foram transmitidas ao COPOM Central e, consequentemente, às unidades especializadas que seriam capazes de prestar apoio de forma eficiente. Isso se deve ao desconhecimento e, por consequência, do desrespeito de princípios básicos de processo decisório, como a imagem operacional compartilhada em ultravelocidade.

Neste contexto, entende-se que apesar dos meios tecnológicos estarem em evolução a favor da ciência policial, subsistem lacunas em conceitos básicos de gerenciamento de incidente, como a comunicação integrada, percebendo um distanciamento na busca da proficiência nesses conceitos.

---

5 Entende-se como regime 24/7 o regime de trabalho ininterrupto, no qual as atividades essenciais possuem uma continuidade em todos os dias do ano, sem pausas.

Nesse interim, traz Aguilar (2019) a seguinte explanação acerca das tecnologias aplicadas à área de segurança pública, destaca:

> COPOM 190 Próxima Geração suportando recebimento de dados, voz, vídeos e áudios por meio do conceito de blockchain. 911NG (Next Generation) com capacidade de dados reversos propiciando comunicação em massa com a população.
> [...] LTE e rede MESH privativas da PMESP, evitando colapso das comunicações em incidentes complexos e caóticos.

Dessa maneira, o uso correto da tecnologia, juntamente com os princípios e características do gerenciamento que será estudado, permitirá uma revolução nas ações de gerenciamento na PMESP, atuando de maneira célere e profissional, ainda no início do evento, evitando sua evolução e mitigando suas consequências.

EMERGENCY OPERATION CENTER (EOC)

Como referencial comparativo às atividades executadas no COPOM, é preciso saber da estrutura de um EOC e que esta pode variar amplamente a depender das circunstâncias, autoridade de maior pertinência temática, demais órgãos participantes, recursos e de instalações, mas certamente o objetivo da missão deve preponderar na estrutura do EOC.

Em um Centro de Operações de Emergência (COE) ou EOC a instalação ocorre com base no gerenciamento de informações, alocação de recursos e rastreamento e/ou suporte de planejamento avançado para o pessoal em cena ou em outros EOCs (por exemplo, um centro de estado que suporta um centro local), assim pode ser considerada como uma camada supraincidental, em atuação local.

Uma excelente estrutura que proporciona eficiência para ser adotada baseia-se no paralelismo das formas entre a camada supraincidentes (EOC) e a camada incidental (ICS) que é a estrutura denominada pelo NIMS de ICS ou ICS-like Structure. As funções de um EOC são basicamente: Diretor do EOC (dirige o time),

Oficial de Relações Públicas (atua no aconselhamento do Comandante do Incidente, o Comando Unificado e o Diretor, além de estar atento às demandas da mídia/imprensa), Seção de Operações (planeja e realiza ações táticas), Planejamento (coleta, avalia e divulga informações do incidente aos Comandantes e demais envolvidos), Seção de logística (atua no suporte e apoio aos envolvidos no incidente) e Finanças e Administração (suporte administrativo e financeiro).

Dessa maneira, primeiramente, o ICS é utilizado para gerenciar respostas no nível tático e operacional no local e os EOCs, que são usados para gerenciar o suporte, de fora da cena, para o ICS.

SISTEMA DE GERENCIAMENTO DE INCIDENTES NORTE-AMERICANO

A evolução histórica do gerenciamento de incidentes, tanto em âmbito norte- americano como mundial, remonta ao ano de 1965, quando houve uma série de protestos populares em Los Angeles, nos Estados Unidos, que resultaram em diversos policiais e cidadãos feridos, inclusive com disparos reais.

O resultado negativo foi atribuído, após apuração por uma comissão de inquérito, à inexistência de TTP (Técnicas e Táticas Policiais) específicas para a resolução de ocorrências graves e incidentes críticos.

Outro evento emblemático que apontou ao mundo a necessidade do preparo diferenciado de tropas policiais para lidar com ocorrências de vulto foram os atentados terroristas praticados em 1972, durante as Olimpíadas de Munique, na Alemanha, quando governos de inúmeros países se deram conta de que suas polícias não estavam preparadas para enfrentar essas situações.

Em resposta a esses eventos, foram criados diversos grupos ou forças especiais para intervir em ocorrências graves e incidentes críticos. Alguns desses grupos são muito famosos e até lendários, como: SWAT's, das Polícias de Los Angeles e de Miami e o Hostage Rescue Team (HRT), do Federal Bureau of Investigation (FBI).

No início da década de 1990, o Departamento Federal de Investigação, conhecido internacionalmente como FBI, disseminou uma doutrina generalista de Gerenciamento de Crises. Nos documentos produzidos pelo Departamento a realidade policial foi arduamente explorada, explicando minúcias sobre providências a serem adotadas no cenário da ocorrência.

Ressalta-se que, majoritariamente, os estudos de Gerenciamento de Crises apontavam a atividade policial ao seguinte sentido: "chegue ao local, realize a contenção, realize o isolamento e aguarde apoio especializado", tais abordagens eram eficientes e eficazes às crises estáticas, como tomada de reféns e marginais embarcados, cenários comuns à época.

As providências adotadas baseavam-se em não permitir que a crise se alastrasse - por meio da contenção e não permitir a influência de elementos externos aos especialistas - por meio do isolamento. Além disso, contavam com operadores técnicos que compunham um conjunto de alternativas táticas: negociação, técnicas não letais, tiro de comprometimento e invasão tática.

Em 28 de fevereiro de 1993 o cerco de Waco começou, sendo, aparentemente, um cumprimento de mandado de busca na sede de uma propriedade localizada em Waco, Texas. Esse local era conhecido como Monte Carmelo e abrigava dezenas de seguidores do Ramo Davidiano – espécie de seita religiosa em que pessoas seguiam ao líder David Koresh –, incluindo homens, mulheres grávidas e crianças.

A força policial iniciou o cerco sem contar que existiam, naquela propriedade, fortificações, casamata, máscaras contra gases e muitas armas, por isso, o cerco dura 51 dias.

A ação começou quando o FBI optou pelo uso de gás lacrimogêneo no local, a fim de forçar a saída das pessoas, mas um incêndio se iniciou, destruindo a propriedade e culminando na morte de 75 pessoas, sendo 50 adultos e 25 crianças.

Contudo, o momento disruptivo do antigo modelo de gerenciamento de crises ocorreu em abril de 1999, como já citado Massacre de Columbine.

Como resultado, a doutrina de gerenciamento de incidentes redesenhou seu modelo intervenção, passando a utilizar o conceito de ação imediata e rápido emprego, ou como determinado em inglês: *Immediate Action – Rapid Deployment* (AGUILAR, 2017, p. 5):

> Em situações de atirador ativo, o criminoso se movimenta por corredores, por ruas, por lugares, à procura de vítimas, a cada minuto que se passa vidas são perdidas, portanto a intervenção deve ser imediata, ou seja, é um evento móvel, que está em evolução, on-going (em curso), que denota dinamismo, no sentido de se ir de encontro ao agressor de forma imediata, a fim de parar sua ação homicida. Como resposta adequada ao sistema dinâmico, após Columbine, utilizaram a implantação de procedimentos conhecidos pelo acrônimo IARD – Immediate Action Rapid Deployment (Imediata Ação / Rápido Emprego), justamente por isso, sistema dinâmico de gerenciamento de crises.

Assim, o incidente de Columbine provocou mudanças significativas na forma de ação das forças policiais, mas ainda assim foi um evento pontual em área delimitada.

Diferente do que ocorreu no ano de 2001, um dos fatos mais significativos da história moderna que abalou o mundo, mudando a forma de ação e as questões políticas e de segurança em todos os países devido a um ataque múltiplo e coordenado por terroristas suicidas que utilizaram de aeronaves sequestradas e atacaram os EUA, conhecidos como o **ataque às Torres Gêmeas**, ou simplesmente 9/11. Ao todo foram quase três mil pessoas mortas (incluindo cidadãos de mais de 70 países) e mais de seis mil feridos.

Neste incidente o pesadelo dos principais gestores públicos se tornou realidade, o evento contava com quase todos os aspectos negativos que um incidente pode trazer. Por este motivo, as dificuldades em gerenciar o atentado foram apresentadas em âmbito nacional e, em 2003, foi editado a *Homeland Security Presidential Directive 5* (HSPD-5), cujo propósito principal foi criar um sistema de gerenciamento de incidentes que abrangesse toda a nação.

No ano de 2003, portanto, nasceu a ideia do NIMS, com a intenção de estruturar o gerenciamento de incidentes nos Estados Unidos seja em âmbito federal, estadual ou municipal. Este Sistema Nacional de Gerenciamento de Incidentes é justamente o conjunto de princípios, métodos e estratégias que podem ser utilizados por comandantes de incidentes locais, estaduais, federais, bem como pelo setor privado e ONGs.

Em linhas gerais, esses eventos ocorridos nos EUA determinaram uma atualização da doutrina conhecida nacionalmente como NIMS. Assim, alargando o conceito de crises para o mais amplo aspecto preventivo e deixando de ser uma resposta especial da polícia (SOUZA, 1995). Na verdade, mostrando que o incidente deve ser enfrentado pelo Estado, com apoio de seus entes e sociedade.

NATIONAL INCIDENT MANAGEMENT SYSTEM (NIMS)

Após uma série de incidentes ocorridos na década de 70, a exemplo dos supracitados incêndios no Estado da Califórnia, os americanos se aprofundaram no estudo sobre a eficiência e eficácia das respostas aos incidentes e chegaram à conclusão de que os problemas enfrentados eram menos relacionados à falta de recursos e mais ligados à falta de estrutura para gerenciamento dos eventos críticos. Neste contexto, foi criado o *Incident Command System* (ICS), ou seja, um Sistema de Comando de Incidentes que visa a oferecer ferramentas adequadas para atendimento de incidentes em camada local. Posteriormente, pós 11 de Setembro de 2001, verificou-se a necessidade de criar uma estrutura de apoio político-estratégico acima das camadas locais que pudesse apoiar os incidentes em terra, gerenciados pelo ICS. De tal necessidade formou-se um conjunto que incorporou o ICS à sua estrutura, denominado de NIMS.

Em 1979, a ordem executiva número 12.127, do Presidente Carter, criou a Federal Emergency Management Agency (FEMA), agregando diversas agências ou órgãos no País cuja responsabilidade era atuar em ações e desastres naturais (FEMA, 2019). Assim surge a Agência Federal de Gestão de Emergências subordinada ao Departamento de Segurança Interna, na sigla em inglês Homeland Security Department.

O objetivo principal da FEMA é coordenar as respostas a incidentes que ocorram nos Estados Unidos da América (EUA), promovendo a superação de recursos das autoridades locais e do estado.

Após o advento desta Agência, tornou-se possível que o governador de um Estado colapsado declare estado de emergência e faça uma solicitação ao Governo Federal para resposta adequada ao incidente.

Esta ferramenta fornece ainda material humano – diversos profissionais capacitados em diferentes especialidades – e fundos para reconstrução e recuperação de infraestrutura.

PRINCÍPIOS DO NIMS

Para efeito deste artigo, todos os princípios seguem o que fora apresentado no NIMS, sendo descritos conforme se apresentam.

- FLEXIBILIDADE: o SISGI é adaptável a qualquer tipo de situação, como, por exemplo, evento planejado, incidente local (extraordinário ou rotineiro) ou incidente envolvendo a participação conjunta ou competências concorrentes entre órgãos de diferentes Estados ou esferas de governo. A flexibilidade na aplicação do sistema decorre da necessária coordenação multiagência, multijurisdicional e/ou multidisciplinar exigida pelas características de determinados tipos de incidentes. A flexibilidade permite que o sistema seja escalável e, portanto, aplicável para incidentes que variam amplamente em termos de risco, geografia, demografia, clima, cultura e autoridades organizacionais;

- PADRONIZAÇÃO: a padronização de métodos, estruturas e termos permite a interoperabilidade da força responsiva oriunda dos vários órgãos envolvidos, não havendo perda de tempo em desencontros doutrinários ou terminológicos quando vidas estão em jogo;
- UNIDADE DE ESFORÇO: deve haver, entre os órgãos envolvidos na resolução do incidente, a convergência de esforços, a fim de alcançar a intenção do Comandante do Incidente, mensurada nos objetivos e no estado final desejado da missão.

CARACTERÍSTICAS E APLICABILIDADE DO NIMS

Entende-se que as organizações envolvidas no gerenciamento de incidentes variam em suas autoridades, estruturas, capacidade de comunicação, protocolos, procedimentos, entre outros fatores. A ideia central do NIMS é fornecer um quadro comum padronizado para integrar as diversas capacidades envolvidas com o propósito de encontrar objetivos, metas, métricas e indicadores comuns, portanto, o NIMS é composto pelas seguintes características:

- **Terminologia Comum**: refere-se à padronização da nomenclatura de termos relativos às funções, recursos, instalações, etc., visando a facilitar que diversas organizações de gerenciamento de incidentes e suporte trabalhem juntas em uma ampla variedade de funções e cenários de risco;
- **Estabelecimento e Transferência de Comando**: a função de comando deve ser claramente estabelecida desde o início de um incidente. Quando o comando é transferido, o processo deve incluir um briefing para transmitir as informações essenciais visando à garantia da continuidade das operações de forma segura e eficaz;
- **Organização Modular**: a estrutura organizacional do Comando de Incidentes desenvolve-se de forma modular, que é baseada no tamanho e complexidade do incidente, bem como nas especificidades do ambiente e perigos criados pelo incidente;
- **Comando Unificado**: em incidentes envolvendo múltiplas jurisdições, ou uma única jurisdição com a participação de vários organismos, ou ainda múltiplas jurisdições com o envolvimento de vários organismos, o Comando Unificado permite que as agências com as autoridades e responsabilidades legais, geográficas e funcionais diferentes trabalhem em conjunto de forma eficaz, sem afetar a autoridade ou responsabilidade individual de cada agência;

- **Gerenciamento por Objetivos:** inclui o estabelecimento de objetivos globais; desenvolvimento de estratégias com base nos objetivos do incidente; desenvolvimento e divulgação de trabalhos, planos, procedimentos e protocolos; estabelecimento de objetivos específicos e mensuráveis para várias atividades funcionais de gerenciamento do incidente e dirigir os esforços para alcançá-los, em apoio às estratégias definidas; registro dos resultados para mensuração do desempenho e facilitação na adoção de ações corretivas;
- **Cadeia de Comando e Unidade de Comando:** cadeia de comando refere-se à linha ordenada de autoridade dentro das fileiras da organização de gerenciamento de incidentes. Unidade de comando significa que cada indivíduo tem um superior designado, a quem se reporta na cena do incidente. Estes princípios esclarecem relações de subordinação e eliminam a confusão causada por múltiplas diretivas, por vezes conflitantes. Gestores de incidentes, em todos os níveis, devem controlar as ações de todo o pessoal sob sua supervisão;
- **Plano de Ação de Incidentes:** planos de ação fornecem um meio coerente de comunicar os objetivos globais do incidente no contexto das atividades operacionais e de suporte;
- **Responsabilidade:** a responsabilização efetiva em todos os níveis de competência e dentro das áreas funcionais individuais durante as operações de incidentes é essencial. Para esse fim, todos os respondentes, independentemente do órgão a que pertencem, devem se reportar ao Comandante do Incidente para receber atribuição, de acordo com sua especialidade profissional ou competência funcional;
- **Alcance de Controle Manejável:** os comandantes/supervisores devem ser capazes de comandar/supervisionar e controlar adequadamente seus subordinados, bem como se comunicar e gerenciar todos os recursos sob sua responsabilidade;
- **Despacho/Implantação:** as pessoas devem responder somente quando solicitadas ou despachadas por uma autoridade competente;
- **Instalações e Locais de Intervenção:** vários tipos de instalações de apoio operacional são estabelecidos nas proximidades de um incidente, para os mais variados fins. Instalações típicas incluem o posto de comando, bases, acampamentos, áreas de estágio, áreas de triagem, e outras, conforme a necessidade;

- **Gerenciamento Integral de Recursos:** a manutenção de um quadro preciso e atualizado dos recursos disponíveis e utilizados é um componente imprescindível no gerenciamento de incidentes. Os recursos são definidos como pessoas, equipes, equipamentos, suprimentos e serviços disponíveis ou potencialmente disponíveis para serem utilizados em apoio ao gerenciamento do incidente e atividades de resposta à emergência;
- **Comunicações Integradas:** a comunicação nos incidentes é facilitada através do desenvolvimento e utilização de um plano de comunicações comum e processos e arquiteturas de comunicação interoperáveis;
- **Gerenciamento de informações e inteligência:** a organização do gerenciamento de incidentes deve estabelecer um processo de coleta, análise, compartilhamento e gerenciamento de informações e inteligência relacionadas com o incidente.

As características buscam combinar os recursos, equipamentos, procedimentos, comunicação e as pessoas envolvidas no cenário organizacional. Desta maneira, ele pode ser utilizado para organizar operações e incidentes críticos pequenos ou grandes, curtos ou longos, naturais ou provocados por ação humana.

Cabe destacar que é de suma importância que exista uma linha ordenada de autoridade para o gerenciamento de incidentes e que os envolvidos saibam a quem devem se reportar e com quais informações. Essas estratégias se chamam **Cadeia de Comando e Unidade de Comando**.

Até aqui, vê-se que muitas características do NIMS poderão ser mais facilmente aplicadas com o estabelecimento de um Posto de Comando. Assim sendo, neste local serão desenvolvidas as estratégias, os objetivos, emissão de tarefas, planos, procedimentos e protocolos.

O Posto de Comando não deve ser entendido como um único local físico com os principais tomadores de decisão. É importante que haja diversas instalações de suporte operacional, ou seja, cada cidade do interior atingida pelo incidente exemplificado pode contar com postos de comandos avançados, bases, acampamentos entre outras possibilidades para melhor gerenciamento do incidente.

Os resultados colhidos serão documentados e mensurados, revistos e se necessário for serão corrigidos, todo este cenário tem o nome de **Gestão por Objetivos**.

As comunicações também devem ser integradas, para que haja um plano comum de comunicações, processos e arquiteturas de comunicações interoperáveis.

Os Sistemas de Inteligência devem somar seus esforços no cenário de gerenciamento de incidentes, sem desrespeitar, por óbvio, os critérios de compartimentação da informação e demais especificidades da matéria. Entretanto, a organização deve ter um processo intrínseco de coletar, analisar, compartilhar e gerenciar informações relacionadas ao incidente.

Referente ao despacho e implantação, os recursos materiais e humanos devem ser somente implementados quando solicitados ou emitidos pela autoridade responsável.

O NIMS reconhece que o esforço conjunto supera grande parte da ineficiência e duplicação de esforços presentes quando as atuações são individuais.

PROPOSTA DE APLICAÇÃO E DIFUSÃO DA DOUTRINA DE GERENCIAMENTO DE INCIDENTES NA PMESP

Após conhecer o modelo antigo de gerenciamento de incidentes na PMESP e conhecer as premissas e conceitos do sistema de gerenciamento de incidentes atualmente utilizado pelos EUA, é possível estabelecer um paralelo entre os sistemas e demonstrar o que já é utilizado na PMESP e o que pode ser adaptado ou entendido como o seu igual no sistema norte-americano.

Observando os conceitos demonstrados pelo NIMS percebe-se que, no geral, a PMESP não aplica tais princípios, não trabalha com as camadas incidentais, de nível local, como o ICS e nem com as camadas supraincidentes, de nível estratégico. Ressalva deve ser feita ao CBPMESP que atua com o SiCOE, logo, a camada local incidental é suprida por eles, o que não ocorre com as ações de polícia.

Fica claro que o NIMS é uma estrutura organizacional e metodológica que pode ser plenamente utilizada na PMESP, entretanto adequações serão feitas, até porque o Sistema proposto não abrange o âmbito nacional.

No Brasil existem ferramentas de comunicação da federação com os estados, uma delas está na Secretaria Nacional da Segurança Pública (SENASP) que é vinculada ao Ministério da Justiça (MJ), e busca disciplinar toda política de segurança pública no país. Entretanto, a integração entre os sistemas estaduais e federais ainda não é efetiva, pois não atinge o objetivo de melhoria em segurança pública desejado.

Pois bem, a proposta então é apresentar um novo Sistema de Comando de Incidentes, o qual abranja os temas do NIMS, aplicados à realidade da Polícia Militar do Estado de São Paulo e demais órgãos que atuam em incidentes.

Sugere-se a criação de uma comissão para estudo de casos específicos e proposta de nova formatação no ensino, gestão do conhecimento e aplicabilidade prática das questões levantadas.

ATUALIZAÇÃO DOUTRINÁRIA E DIFUSÃO NOS CURSOS DE FORMAÇÃO E APERFEIÇOAMENTO

É imperioso garantir que a matéria seja primeiramente enxergada sob a ótica dos bancos escolares, ou seja, academicamente, para que posteriormente seja colocada em prática. E isso deve alcançar todos os níveis, do Alto Comando aos centros de formação de Soldados, evitando-se conflitos culturais sobre a temática, em especial, no cenário do incidente.

Para acesso aos cursos de carreira – como o Curso de Aperfeiçoamento de Oficiais (CAO) e o Curso Superior de Polícia (CSP) que compõem, respectivamente, os Programas de Mestrado e Doutorado em Ciências Policiais de Segurança e Ordem Pública para os oficiais desenvolvidos na APMBB. O Curso de Formação de Sargentos (CFS) e o Curso de Aperfeiçoamento de Sargentos (CAS) para as praças, desenvolvidos pela ESSGT -, deve-se exigir, como qualificação a certificação em cursos EaD sobre a nova doutrina de gerenciamento de incidentes, respeitados os respectivos níveis de atuação dos respondedores.

Suscita-se ainda, a inevitável alteração dos aspectos relacionados à instrução e treinamento, o que será vital para uma série de medidas no processo de mudança e conscientização para a implantação e aplicabilidade de conceitos modernos associados ao ICS e ao NIMS, para tanto, faz-se necessária uma atualização na Diretriz que trata do gerenciamento de incidentes, devendo conter em seu bojo os princípios, funções, missões e dar novo entendimento sobre o modo como a Instituição deve gerir ocorrências complexas.

Outrossim, os modelos de documentos, revisões periódicas, protótipos e formulários devem ser confeccionados e disseminados na Instituição a fim de que se evite a sobreposição de recursos e a consequente ineficiência policial.

Além disso, a relação custo-benefício deve ser cada vez mais explorada por intermédio do pensamento sistêmico e sinérgico entre diferentes órgãos atuantes a fim de cumprir o compromisso que a Polícia Militar do Estado de São Paulo tem com seus cidadãos: a defesa da vida, da integridade física e da dignidade da pessoa humana.

Outras medidas ou propostas viáveis para a implantação da nova doutrina de Gerenciamento de Incidentes, como um sistema padronizado para toda a PMESP:

- conscientizar a liderança da instituição, por meio de cursos e estágios específicos;
- disseminar o conhecimento por meio de um plano de instrução e treinamento;
- massificar a matéria Gerenciamento de Incidentes nos EAP para o efetivo pronto, adaptando-a conforme o nível de emprego;
- emitir e divulgar o assunto por meio de Instruções Continuadas de Comando (ICC) e videotreinamentos, incentivando a mesma abordagem nas preleções e instruções diárias.

A vinculação do nível estará diretamente ligada ao cenário em que o aluno policial se encontrará, ou seja, um curso da escola de formação de soldados deve ser diferente do que se aprende na formação de sargentos, com mudanças significativas na escola de oficiais e novas visões no Curso de Aperfeiçoamento de Oficiais e Curso Superior de Polícia. Dessa maneira o Comandante do Incidente terá uma visão muito mais ampla e estratégica, sempre respeitando as visões dos operacionais em campo. A estrutura do gênero Incidente Policial deve caminhar a um raciocínio com subdivisões, as quais encontrarão especialistas para tratar das peculiaridades em cursos próprios ou em fases mais avançadas dos cursos de formação.

O COMANDO DO INCIDENTE E SUAS PROVIDÊNCIAS

A definição de um Comandante é o primeiro passo para a correta determinação de funções e organização do cenário crítico. As ciências e profissões exercidas pelo homem moderno rumam para a especialização, ou seja, tanto nas ciências exatas quanto nas ciências humanas não é cabível hoje somente o gênero como: médico, engenheiro, historiador, veterinário, entre outros.

Existe a necessidade de se especializar para responder à pergunta: qual o melhor médico para este caso? Qual o melhor engenheiro para esta obra?

Não é e nem deve ser diferente no caso do policial, o qual tem sim um vasto conhecimento geral – assim como os profissionais elencados acima – mas deve ser especialista em algo.

Neste diapasão, nos casos de **incidentes programados** (Esta modalidade segue os preceitos gerais determinados pelo ICS/SiCOE, podendo se dividir em incidentes estáticos ou dinâmicos) devem encontrar a figura do especialista para que este coordene os trabalhos de planejamento e se faça presente durante o incidente.

A Polícia Militar do Estado de São Paulo já reconhece a figura do Gerente Efetivo – sendo o especialista no assunto – em sua Diretriz PM nº PM3-001/02/13, quando afirma que este "deverá dirigir-se ao local dos fatos e organizar, com base em recursos técnicos e planejados, a linha de ação mais adequada para a consecução do objetivo". No caso do incidente planejado este já deverá participar do local dos fatos, antes mesmo do início do incidente.

A definição do Comandante Especialista guardará relação com a Unidade Gestora do Conhecimento especializada em determinada ocorrência, ou seja, o Grande Comando irá determinar qual o Oficial será responsável por aquele evento programado.

A Instituição já aceita isso com facilidade quando o Comandante do CPChq determina um Oficial do 4ºBPChq para uma ocorrência com refém, por exemplo, neste caso este oficial será o gerente efetivo.

A ideia é que o Corpo de Bombeiros, a CORREG PM, o policiamento Rodoviário, o policiamento Ambiental, entre outras especialidades também sejam abrangidas por uma norma geral de conduta.

Quanto à maior autoridade presente no local, esta deverá apoiar e providenciar meios para execução das observações táticas e operacionais advindas do especialista, entretanto sua visão será cada vez mais estratégica e menos operacional. Por este motivo a sugestão é que o posto de comando – localizado distante do ponto crítico – assim como já reconhece a Resolução SSP 13 de 2010 abrigue a maior autoridade presente capaz de viabilizar maior organização e mais recursos.

Quando se tratar de **incidente policial emergencial** a facilidade em ter o especialista presente na fase de: planejamento, definição de estruturas, exigências para o evento, início do evento, entre outros aspectos, desaparece. Nesse caso, a ocorrência eclodirá e os primeiros respondedores estarão a caminho do local e não poderão esperar que o especialista se desloque e demore, por exemplo, 40 minutos para chegar como ocorreu em Columbine.

Esse é o ponto mais sensível que as Instituições enfrentam e não seria diferente se, num caso hipotético, um médico (que apesar de não ser cirurgião) se deparasse com um quadro clínico em que houvesse a necessidade de realizar uma cirurgia de emergência e ele optasse apenas por tomar medidas mínimas para que o paciente resistisse até a chegada do especialista.

Caso o médico aguardasse o especialista, sem tomar providências necessárias imediatamente, o paciente teria grandes chances de morrer e não haveria aceitabilidade caso o discurso do médico caminhe no sentido de "havia muita confusão"; "as informações estavam desencontradas"; "não lembro de ter estudado isso nos bancos escolares" ou "eu não era o chefe".

É evidente que o trabalho policial difere do exercício da medicina, porém ambas lidam com vidas, são ciências em constante evolução e devem ser respeitadas como tal.

No caso policial, **o primeiro interventor deve ter o mínimo de noção sobre as primeiras providencias a serem adotadas** e a busca pelo melhor cenário para resolução – ainda que não imediata – do incidente.

A presença do comandante emergencial é de suma importância no incidente, visto que como mais antigo no local deve organizar o cenário *in loco*, tomando as primeiras medidas para possibilitar a aplicação dos princípios do NIMS como, por exemplo, a montagem de um gabinete de comando para centralizar as informações e decisões. Enquanto isso o comandante especialista estará em deslocamento para apoiar a ocorrência no local.

Em ambos os incidentes, foram pontuadas figuras capazes de organizar o ambiente e iniciar as primeiras providências, mas a Gestão estratégica dos objetivos fica carente em ambos os casos. Por esse motivo existe a necessidade de uma terceira figura atuante, mas não presente no incidente, trata-se do Diretor do EOC, cuja função esclareceremos a seguir.

DIRETOR DO EOC (COPOM)

A doutrina mundial entende que o agente de segurança presente no ambiente que tenha tiros, corpos ensanguentados, confusão, gritos, urgência nos atendimentos, entre outros aspectos não deve ser a figura estratégica. Não poderia ser diferente, pois o Gestor que se faz presente em um local com diversos jovens mortos - a exemplo do massacre ocorrido em uma escola no município de Suzano - está sujeito a raciocinar medidas locais, ficar abalado emocionalmente, ou se distanciar das necessidades estratégicas.

Por esse motivo, deve existir a figura de um Diretor do EOC, o qual deve se inteirar dos detalhes para auxiliar o incidente, para lembrar dos aspectos que as pessoas que estão sob tiroteio jamais lembrariam, para determinar apoio de órgãos que também têm incumbência legal e moral de participar. Assim o Diretor do EOC deve estar alinhado com suas convicções e ideias da Instituição e é o filtro entre o que a população precisa saber e o que os policiais precisam fazer.

A sugestão é que um Oficial com expertise operacional, após deliberação da Coordenadoria Operacional da Polícia Militar ocupe um cargo específico no COPOM, ficando diretamente ligado ao Centro de Inteligência da Polícia Militar (através da sala de situação), ao Centro de Comunicação Social (CCOMSOC), ocupando a função de o Chefe de Operações do COPOM o oficial de ligação com as demais agências e instituições (públicas ou privadas).

Imaginemos, portanto, que um incidente policial emergencial eclodaem uma escola em São Paulo, quando dois ex-alunos entram realizando disparos contra os alunos da unidade escolar. Nesse contexto, os primeiros policiais devem saber as providências, em nível operacional a serem adotadas, segundo as configurações mentais que as aulas contribuíram para a ação (sendo neste caso a unidade gestora do conhecimento o 1ºBPChq).

O nível de conhecimento da primeira viatura a chegar no local permitirá que policiais façam esforços para cessar as injustas agressões, contando com o apoio das próximas viaturas. Em determinado momento chega o Comando de Força Patrulha, o qual aprendeu uma visão mais gerencial do incidente e iniciará o processo de montagem de um gabinete de Comando; este determinará a concentração das informações, até entender que os atiradores estão homiziados dentro da escola, por exemplo, concentrando em si as informações do incidente.

Ciente de uma ocorrência de vulto, que necessita de mais de um batalhão para sua resolução, e além disso é de interesse Institucional, o Diretor do EOC – o qual já está em serviço no COPOM – faz, por ele próprio, o acionamento da Unidade responsável (neste caso o GATE), sendo que nessa fração de tropa estará o Comandante Efetivo.

O Comandante Efetivo chega ao local dos fatos e auxilia o Emergencial (que pode inclusive ser mais antigo) na confecção do Posto de Comando, no posicionamento das equipes especialistas e de apoio, nas providências tático/operacionais, entre outros aspectos. Enquanto isso, durante toda ocorrência o Gerente Estratégico viabiliza as seguintes providências:

- Nota de imprensa via CComSoc informando a imprensa e os familiares onde devem se concentrar para receber as informações.
- Trabalho em conjunto com o Centro de Inteligência da Polícia Militar (CIPM) para levantamento de informações tanto tático operacionais quanto estratégicas.
- Propiciar comunicação integrada junto ao COPOM, para que caso a ocorrência se torne dinâmica, todos os policiais saibam o que está ocorrendo.
- Visualizar junto ao COPOM, contando com as tecnologias (COPOM ON LINE por exemplo) para determinar à distância, onde cada equipe deve se posicionar e até mesmo as equipes que devem deixar o local.
- Concentração das informações, para que por exemplo, não fiquem entrando na área de trabalho os agentes de inteligência da OPM territorial, do 4ºBPChq ou dos demais batalhões de apoio, o que além de tumultuar o cenário expõem os agentes que alimentarão uma mesma base de dados.
- Comunicação direta com órgãos que dividam responsabilidades e possibilitem ações como corte de energia e abastecimento de água, por meio do CICC.
- Subsidiar os Gestores Públicos e os cidadãos que carecem de informações, concentrando os dados para que os Comandantes Locais não tenham um ambiente tumultuado de pessoas desinformadas.

A figura do Diretor do EOC será de suma importância para aplicação do NIMS/ICS. Por isso, relevante que ele obtenha o nível de conhecimento mais avançado sobre ICS em nível estratégico. Além das questões acadêmicas, vale ressaltar que esse Oficial deve ser indicado pela Coordenadoria Operacional, pois a vivência, experiências e postura serão determinantes para a execução adequada desta tarefa.

Vale lembrar ainda que a figura estratégica deverá estar presente diuturnamente, possibilitando o acionamento a qualquer instante de qualquer localidade, pois em um incidente crítico cada minuto pode ser decisivo e a tomada de decisão estratégica pode direcionar recursos, possibilitar o salvamento de vidas, entre outros fatores que a faz ser encarada com tanta valia quanto a tomada de decisão tática operacional no local dos fatos.

ESTRUTURA

Entende-se, pois, que a partir do momento que existe o incidente crítico e o acionamento da Polícia, existirá a necessidade das primeiras providências que podem ou não solucionar a ocorrência. Quando não, será importante a montagem de um Posto de Comando local para receber e transmitir informações e na sequência um Gabinete Estratégico previamente organizado no COPOM, conforme a sugestão na Figura 2

Figura 2 – Modelo de gabinete estratégico do COPOM.

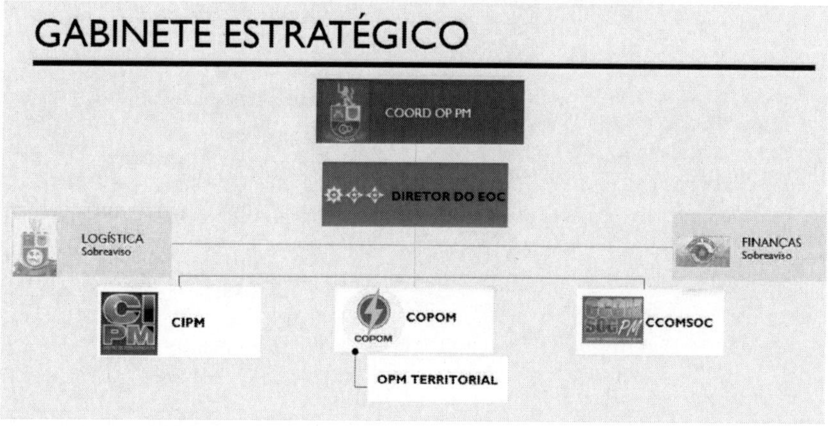

Fonte: o autor

Da mesma forma, as funções principais do Comandante do Incidente será: estabelecer um Posto de Comando na estrutura do COPOM; estabelecer objetivos, prioridades e orientações estratégicas que deverão ser atualizadas a cada período operacional; ter ciência sobre quem são os chefes de seção para cada cargo (pré- estabelecidos); viabilizar o pedido de recursos quando necessário; aprovar um Plano de Ação de Incidente para cada período operacional; estabelecer procedimentos para a tomada de decisões e documentação conjuntas e capturar as lições para posterior Estudo de Caso.

O chefe da seção de operações deve: direcionar o gerenciamento de atividades táticas em nome do Comandante do Incidente ou do Comando Unificado; desenvolver e implementar estratégias e táticas para atingir os objetivos do incidente; organizar a Seção de Operações para melhor atender às necessidades do incidente; apoiar o desenvolvimento do Plano de Ação de Incidente para cada período operacional.

A utilização do CComSoc na estruturação e montagem do gabinete estratégico no COPOM é de suma importância, conforme observado no próprio (FEMA, 2017), o qual descreve algumas formas de utilização de tal recurso:

Usando as mídias sociais para a consciência situacional

As mídias sociais oferecem formas inovadoras de reunir dados para alcançar a consciência situacional. O monitoramento de picos ou tendências nas mídias sociais por centros de fusão, aplicação da lei, saúde pública ou outros sistemas de monitoramento de informações pode aumentar a consciência situacional ou fornecer uma indicação precoce de problemas emergentes. Tal como acontece com todos os dados, a equipe de incidentes usa processos de validação de dados para filtrar e determinar a precisão das informações obtidas através das mídias sociais.

Usando as mídias sociais para divulgar informações

Cada vez mais, o público espera que o pessoal de gerenciamento de incidentes use mídias sociais para comunicar a informação necessária. Ao usar as mídias sociais para divulgar informações, as considerações para gerentes de incidentes incluem:

- Identificar o público pretendido e quais tipos de informação para compartilhar;
- Determinar se desejam solicitar feedback ou respostas; e
- O potencial atraso de tempo antes de os sobreviventes receberem a mensagem.

Essas decisões ajudam os gerentes de incidentes a determinar quais plataformas de redes sociais eles devem usar, a frequência e configuração de mensagens, tarefas e necessidades de pessoal. Tal como acontece com outras informações públicas, o pessoal deve seguir os protocolos de lançamento padrão e garantir a acessibilidade.

Observa-se, portanto, que a ação do CComSoc não se dará apenas como mero transmissor de informações ao público em geral, mas sim como um auxiliar na construção das informações de inteligência. Pois ao analisar as tendências ou picos de notícias poderá identificar, ou auxiliar a isso, as tendências de piora ou melhora em um evento crítico, antecipando ao incidente que poderá ocorrer, possibilitando uma melhor resposta do gabinete estratégico montado.

Os policiais engajados na Seção de Planejamento devem também facilitar reuniões de planejamentos; gravar o estado dos recursos e as necessidades futuras; organizar, exibir e divulgar informações de status do incidente analisando a situação à medida que o tempo passa; planejar a desmobilização ordenada, segura e eficiente dos recursos captados: e recolher, gravar e proteger todos os documentos gerados, inclusive os pós-incidente.

A atuação do CIPM será na formação de conhecimento em redes sociais, junto ao CComSoc, e em redes exclusivas e compartimentadas, como a PRODESP, SIOPM, etc. As informações levantadas auxiliarão o Diretor do EOC a conduzir os recursos na camada local, otimizando e aproveitando da melhor forma os recursos pessoais e os recursos materiais. O NIMS2017 traz ainda outra questão que deve ser observada quanto ao uso do CIPM, refere-se ao tratamento da segurança de informação e da segurança operacional:

Segurança da Informação / Segurança Operacional

A necessidade de confidencialidade às vezes complica o compartilhamento de informações. Isso pode ser particularmente pronunciado ao compartilhar inteligência dentro da comunidade de aplicação da lei e com o gerenciamento de emergência, fogo, saúde pública e outras comunidades. O acesso a determinadas informações restritas ou classificadas depende da lei aplicável, bem como a habilitação de segurança de um indivíduo e precisa saber. (FEMA, 2017).

As seções de logística e finanças deverão possuir formas de acionamento, permanecendo na condição de sobreaviso para célere utilização dos recursos necessários para o apoio ao Diretor do EOC, atuando, principalmente, mas não exclusivamente, na liberação de recursos materiais referentes à logística, como: disponibilização de ônibus e outros meios de transportes para efetivo maior;

- Disponibilização de ambulâncias e caminhões para transporte de pessoal ferido e equipamentos para apoio;
- Disponibilização barracas e tendas de campanha para utilização no local do incidente, quando for necessária, a exemplos das barracas adquiridas pelo COE e pelo CCB;
- Disponibilização de água e gêneros alimentícios para os envolvidos no incidente e sua resolução, entre outros.

Referente à questão de logística, especificamente no que tange aos recursos financeiros, devem ser disponibilizados ao Diretor do EOC recursos financeiros em caráter emergencial e disponíveis em regime 24/7, de forma que possa ser disponibilizado à camada local no momento exato de sua necessidade. O procedimento procura evitar o uso de recursos com finalidades e objetivos diversos, como aqueles advindos das equipes de escolta de dignitários ou ainda, do sistema de inteligência da PMESP, ou em pior cenário, retirados do operador da camada local por recursos financeiros próprios.

Cabe salientar que tal estrutura será montada, após um comandante local chegar ao local de um incidente (momento do caos), colher informações e detectar a necessidade de intervenção com estrutura NIMS. Com isso, serão desenvolvidos objetivos amplos, os trabalhos devem ser coordenados por quem tenha capacidade de comunicação integrada, alocação ou retribuição de recurso tendo em vista as prioridades, garantia de um gerenciamento eficaz e célere.

Os EOCs podem ser virtuais ou físicos e incluirão coleta, análise e compartilhamento de informações; apoio quanto a necessidade de solicitações de recursos; coordenação dos planos e determinação de necessidades atuais e futuras; coordenação e direção política dependendo do caso.

CONCLUSÃO

De todo exposto, evidencia-se a necessidade de uma atualização padronizada de um Sistema de Gerenciamento de Incidentes na Polícia Militar do Estado de São Paulo.

Não é aceitável que a Instituição aguarde por incidentes ainda mais graves para provocar uma mudança quando já existente alternativas no mundo, além do que a Polícia de São Paulo é reconhecidamente uma força pungente no cenário nacional. Pelos motivos expostos neste trabalho, a mudança será bem-vinda não só ao estado, mas ao Brasil, podendo gerar a confecção de um Sistema Nacional de Gerenciamento de Incidentes, como ocorreu nos EUA.

A atualização proposta propiciará maior proximidade aos órgãos que atuam em conjunto, tanto pelas questões terminológicas quanto pelos treinamentos e atuações conjuntas. O ICS/SiCOE deve ser observado em momentos de calmaria e não durante o caos por isso mesmo, o treinamento e exercícios simulados são fundamentais e bem-vindos para que os agentes atuem em conjunto.

Em um futuro próximo, seria ideal que as pessoas e instituições conhecessem, sob a tutela da PMESP, suas responsabilidades durante um incidente crítico, mitigando assim os problemas de comunicação durante um evento, por exemplo. Com isso, os policiais não mais ficarão em dúvida sobre seus deveres, tampouco atribuirão a falta de atitudes por questões hierárquicas, mas saberão cada um de sua responsabilidade frente ao Gerenciamento de Incidentes.

A busca por uma consciência situacional não deve ser iniciada diante um grave problema, mas na formação, nas atitudes de prevenção, controle e condução de incidentes. Dessa maneira os policiais serão capazes de debater sobre o cenário, adotar medidas iniciais, estabelecer um Gabinete de Comando local, subsidiar o COPOM de informações relevantes e cumprir as determinações do Gerente Estratégico, solucionar a crise, participar do *debriefing*, desmobilizar o cenário de maneira adequada e estudar o caso para ter material de aprendizado, treinamento e motivadores de mudanças futuras.

Não obstante a isso, é imprescindível a mudança de cultura e quebra de paradigma exposta no presente trabalho, diferenciando-se de forma sutil daquela apresentada no conceito defasado de gerenciamento de crises, a qual refere-se ao principal público alvo: ao patrulheiro que se encontra na ponta da linha, aqueles que estão no regime 24/7 de trabalho e, por consequência, devem ser os primeiros a precisar utilizar os conceitos e conhecimentos acerca do gerenciamento de incidentes dinâmicos. Caberá a esses que estão sempre prontos iniciar a estruturação do EOC, no exato momento do CAOS, sendo por isso, condição *sine qua non* promover treinamento tático aos policiais encarregados da primeira resposta, em situação de progressiva violência criminal de forma que poderão efetuar a primeira resposta e, posteriormente, terem os apoios solicitados pelo diretor do EOC.

Baseados nos princípios apresentados e com a capacidade dos homens e mulheres de boa vontade existentes na PMESP, demonstrando, diuturnamente, através do empenho em suas atribuições, caberá à Instituição atuar como modelo de Integração e Gerenciamento de Incidentes para todo o Estado de São Paulo, não se limitando aos incidentes policiais, mas suas doutrinas, bases e fundamentos poderão ser utilizados por todas as instituições estatais.

Dessa forma, estaremos no caminho certo na busca pela excelência nos serviços de segurança pública oferecidos à população paulista.

REFERÊNCIAS

AGUILAR, Paulo A. *Ações e operações Táticas Especiais: aplicação do conceito de concepção imediata do perigo em entradas táticas realizadas pelo Grupo de Ações Táticas Especiais.* São Paulo: Monografia de conclusão do Curso de Aperfeiçoamento de Oficiais – II/17. Academia de Polícia Militar do Barro Branco. Polícia Militar do Estado de São Paulo, 2017. 180 p.

———. MACTAC Multi-Assault Counter-terrorist Action Capabilities (Capacidade de Resposta Contraterrorista Frente a Múltiplos Ataques). Força Policial, São Paulo, p. 13, 2018.

———. Atualização da doutrina de gerenciamento de crises: Incidentes policiais e centros de consciência situacional C5I na quarta revolução industrial. Revista a Força Policial, São Paulo, n. 10, p. 44-61, Janeiro 2019.

AGUILAR, Paulo A. et al. *Atualização de procedimentos adotados na PMESP na doutrina de gerenciamento de crises, modelo estático, para o modelo dinâmico de gestão de crises.* São Paulo, p. 22, 2017.

ESCORREGA, Luis C. F. *A segurança e os "Novos" Riscos e Ameaças: Perspectivas Várias.* Revista Militar, Lisboa, p. 1001, Agosto/Setembro 2009. ISSN 0873 – 7630.

FEMA. *National Incident Management System – NIMS.* 3ª. Ed. Washington: United States of America – Department of Homeland Security, 2017.

FEMA. *Federal Emergency Management Agency – About US. Federal Emergency Management Agency – FEMA*, 2019. Disponível em: <https://www.fema.gov/about-agency>. Acesso em: 15 setembro 2019.

FERNANDES, Eduardo O. *As ações terroristas do crime organizado.* 1ª. Ed. São Paulo: Livrus Negócios Editoriais, 2012.

GOVERNO DO ESTADO DE SÃO PAULO. *Decreto nº 60.644: Institui, na Secretaria da Segurança Pública, o Centro Integrado de Comando e Controle – CICC e dá providências correlatas.* São Paulo: [s.n.], 2014.

IBGE. *Cidades e Estados. IBGE*, 2019. Disponível em: <https://www.ibge.gov.br/cidades-e-estados/sp.html>. Acesso em: 29 setembro 2019.

NIMS. *Intelligence/Investigations Function Guidance and Field Operations Guide.* Washington : Homeland Security, 2013.

———. *Guidelines for the National Qualification System.* Washington : Homeland Security, 2017.

———. *ICS Review Document.* Washington : Homeland Security, 2018.

NRF. National Response Framework Draft. National Response Framework, n. 4ª, Maio 2019.

PMESP. *Diretriz nº PM3 – 008/02/06 – Normas para o Sistema Operacional de Policiamento Policial Militar – NORSOP.* São Paulo: 3ª Seção de Estado Maior, 2006.

_____. Sistema de Gestão da Polícia Militar do Estado de São Paulo (GESPOL). São Paulo: [s.n.], 2010.

_____. *Diretriz nº PM3 – 001/02/13 – Ocorrências que exijam a intervenção do Grupo de Ações Táticas Especiais (GATE)*. São Paulo: 3ª Seção de Estado Maior, 2013.

_____. *Diretriz nº CCB – 004/931/14 – Regula o sistema de comando de operações e emergências SICOE*. São Paulo: 3ª Seção do Estado Maior, 2014.

_____. *Sistema de Gestão da Polícia Militar do Estado de São Paulo (GESPOL)*. 2ª. Ed. São Paulo: IMESP, 2010.

REALE, Miguel. *A teoria tridimensional do Direito*. Lisboa: Imprensa Nacional, 2003.

SENASP. *Sistema de Comando de Incidentes*. Brasília: Ministério da Justiça, 2009.

SOUZA, W. M. D. *Gerenciamento de crises: Negociação e atuação de grupos especiais de Polícia na solução de eventos críticos*. São Paulo: Monografia de conclusão do Curso de Aperfeiçoamento de Oficiais – II/95. Centro de Altos Estudos de Segurança CAES "Cel PM Nelson Freire Terra". Polícia Militar do Estado de São Paulo, 1995.

_____. *Ações do Policial Negociador nas ocorrências com reféns*. São Paulo: Monografia de conclusão do Curso Superior de Polícia – I/02. Centro de Altos Estudos de Segurança CAES "Cel PM Nelson Freire Terra". Polícia Militar do Estado de São Paulo, 2002.

USA. *National Incident Management System*. 3ª. Ed. Washington: Federal Emergency Management Agency, 2017.

VALMOR RACORTI

INFORMAÇÃO E INTELIGÊNCIA APLICADAS AOS PROCESSOS DECISÓRIOS EM INCIDENTES CRÍTICOS

INTRODUÇÃO

O Sistema Nacional de Gerenciamento de Incidentes (SNGI) que está sendo proposto pelo Batalhão de Operações Especiais da Polícia Militar do Estado de São Paulo à Secretaria Nacional de Segurança Pública (SENASP) representa um conjunto básico de doutrina, conceitos, princípios, terminologia e processos organizacionais que permitem o gerenciamento eficaz, eficiente e colaborativo de incidentes críticos.

Um incidente crítico (…) é qualquer evento que coloque em risco, cause danos graves a patrimônio ou meio ambiente, cause impacto significativo na confiança da sociedade e, por conseguinte, na sensação de segurança, exigindo resposta célere e integrada de diversos órgãos e instituições com emprego conjugado de meios de gestão estratégica para a resolução (RACORTI, 2019, p. 97).

O Sistema de Comando de Incidentes (SCI), como um componente do SNGI, estabelece uma estrutura operacional consistente que permite ao governo, setor privado e organizações não governamentais trabalharem juntos para gerenciar incidentes, independentemente da causa, tamanho, localização ou complexidade. Essa consistência fornece a base para o uso do SCI em todos os incidentes, desde ocorrências diárias até incidentes que exijam uma resposta municipal, estadual e federal coordenada.

Muitos incidentes, desastres naturais ou acidentes, têm uma causa e origem óbvias. No entanto, outros incidentes críticos, como incêndios em grande escala, emergências de saúde pública, explosões, incidentes de transporte (queda de aviões, descarrilamento de trens, colapso de pontes, entre outros), atiradores ativos, ataques terroristas criminais ou outros incidentes que causam lesões ou fatalidades em massa, necessitam de um componente de inteligência ou investigativo para determinar sua causa e origem.

A padronização, flexibilidade e gestão de esforço das instituições permitem que a "função de Inteligência" seja perfeitamente integrada com as outras funções do SCI, possibilitando uma integração de inteligência e coleta, análise e compartilhamento de informações, bem como investigações que identificam a causa e a origem de um incidente e até antecipando o evento, independentemente da fonte.

Estudos relativos à busca por resultados melhores em incidentes críticos exigem uma análise que englobe fatores preponderantes como o tratamento das informações e a aplicação assertiva da inteligência (aqui compreendida como o processo de tratamento das informações e seu uso adequado nos processos decisórios), de modo a permitir uma melhor compreensão e *insight* para atuação, estabelecendo uma base mais sólida para formular estratégias e planos que possibilitem soluções eficazes e eficientes.

O componente de inteligência é responsável pela coleta, registro, avaliação e disseminação de todas as informações pertinentes relacionadas a um incidente e requer a avaliação contínua de todos esses dados e no impacto destes na operação geral. Não se pode desconsiderar, no entanto, que essa inteligência técnica depende muito da intuição, engenhosidade e experiência da equipe, cujo foco deve ser evitar buscas ineficazes e outros esforços improdutivos, permitindo discernir a relevância e a importância de uma mistura de dados aleatórios.

Assim, é necessário realizar uma abordagem metódica e lógica, não apenas para garantir que o produto seja confiável, mas que esteja disponível a tempo de ser incorporado ao planejamento e à tomada de decisão.

Para os fins deste artigo, as informações e inteligência devem ser interpretadas de forma ampla para apoiar as necessidades do usuário em todos os ambientes de ameaças e perigos, de modo a permear todos os momentos do incidente; a prevenção, proteção, resposta (em tempo real), recuperação e mitigação de riscos, independentemente da causa, tamanho, localização ou complexidade.

INFORMAÇÃO E INTELIGÊNCIA

Dois termos, frequentemente usados de forma intercambiável, mas com significados distintos em situações táticas, informações são descritas como o conhecimento ou as notícias de um evento ou situação obtidos através da coleta de fatos ou dados, por outro lado, a inteligência é o tratamento de uma informação específica relacionada à situação em questão. A inteligência geralmente ocorre com a "fusão" de informações.

Isso significa reunir partes e diferentes detalhes e fatos e combiná-los, de modo a obter uma imagem mais completa da situação em questão. Portanto, as informações podem ser melhor entendidas como "dados brutos", enquanto a inteligência como "dados processados".

O termo *inteligência* refere-se não apenas ao produto, mas essencialmente ao processo. Uma inteligência completa nunca é possível; ela reflete tudo o que é conhecido até o momento em que é apresentado; consequentemente, os esforços para obter informações confiáveis, relevantes e oportunas continuam durante toda a parte tática de uma operação em incidentes críticos e, mesmo depois de concluída, as lições aprendidas lançam as bases para o próximo evento.

AS ESPÉCIES DE INFORMAÇÃO

De um modo geral, existem quatro tipos de informação:

- Informação arquivística é aquela que raramente muda; por exemplo, todos os dados históricos são de natureza arquivística, ou ainda incluem coisas como nomes de características e endereço do local do incidente, nome dos envolvidos e assim por diante.
- Informação enciclopédica: são duráveis, mas não permanentes – como números de telefones, locais de trabalho ou proprietários de veículos.
- Informação atual: são dados sensíveis ao tempo e perenes, eventos ou ações que ocorrem no presente ou no passado muito próximo, tais como condições meteorológicas e de iluminação. As informações atuais também têm um subconjunto chamado "informações dinâmicas" que estão em um estado quase constante de mudança, como a localização precisa dos respondedores, o

tempo que eles trabalharam ou a quantidade de combustível em um veículo em movimento, entre outras.
- Informações futuras: são as informações que podem ser derivadas de previsões ou projeções. As informações futuras são essenciais para o planejamento, estimativa de impacto e designação de pessoal e recursos, e não raramente é o tipo mais negligenciado.

Todos os planos são um tipo de informação futura, porque todo o planejamento tenta alterar um futuro. Outros exemplos incluem previsões do tempo, consumo de combustível, fadiga, horários estimados de chegada e eventos programados.

Embora todos os quatro tipos de informações sejam críticos no planejamento e preparação de operações táticas e respostas de emergência, é importante observar que informações arquivísticas e enciclopédicas podem ser coletadas e armazenadas para uso posterior, mas informações atuais e futuras são de "alta manutenção" e requerem aquisição e interpretação contínuas.

Isso tem implicações importantes, pois o gestor de incidentes que tem a precaução de reunir e armazenar informações arquivísticas e enciclopédicas úteis, ganha tempo e recursos para se concentrar nos outros tipos quando necessário.

O PROCESSO DE INTELIGÊNCIA

O componente de inteligência, como todos os outros, se beneficia de um processo eficiente e metódico que pode ser dividido em quatro etapas sequenciais, mas inter-relacionadas:

1. O primeiro passo é a direção e está diretamente relacionado com a missão operacional, uma vez que identifica a natureza da inteligência buscada e os meios para alcançá-la; o gestor do incidente participa dessa parte do plano, determinando as informações críticas necessárias para tomar decisões efetivas.

O que quase sempre falta nos profissionais de segurança pública, no entanto, é uma abordagem focada e metódica sobre como alcançá-la. Como exemplo, podemos citar os momentos iniciais do ataque de uma determinada facção criminosa às forças policiais em São Paulo, em maio de 2006.

A imagem da inteligência é frequentemente comparada com um quebra-cabeças em que as peças são unidas para formar uma cena mais completa. Até mesmo a montagem um quebra-cabeças exige um sistema, por exemplo, uma pessoa geralmente começa encontrando as peças dos cantos e depois as peças com as bordas retas para formar o perímetro; depois disso, as peças são classificadas por cor e textura até que, eventualmente, uma cena comece a ser discernida. Até os maiores e mais complexos quebra-cabeças podem ser montados usando a mesma metodologia básica. É assim que se tenta formar uma imagem de inteligência para apoiar a tomada de decisão.

2. O próximo passo é a coleta; refere-se aos esforços para obtenção e disponibilização das informações. É preciso cautela para que um plano de reunião de dados não seja extremamente minucioso, principalmente na fase de resposta a um incidente em que o tempo para uma tomada de decisão é crucial e a demora em uma intervenção tática pode acarretar a perda de uma vida. A coleta fornece a orientação e o foco do esforço para a obtenção de informações com eficiência e apoio ao gestor do incidente.

Cada missão precisa de um plano em separado e mudará conforme a situação tática. As informações obtidas com os esforços de coleta são geralmente dados "soltos", que podem assumir qualquer variedade de formas, desde relatórios orais, esboços e diagramas, até dados de computador, mapas ou fotografias.

3. O passo seguinte envolve duas atividades: processamento e produção. O processamento é a fase em que os dados "soltos" são analisados e organizados em um formulário utilizável: tabelas e gráficos podem ser construídos e/ou mapas podem ser anotados. Os dados podem ainda ser agrupados em planilhas de computador. Em resumo, essa etapa permite que o significado dos dados se torne visível, para que possam ser examinados e analisados.

Já na produção, os dados brutos se tornam inteligência à medida em que são analisados quanto à relevância, confiabilidade e precisão. Este é o ponto em que a "fusão de informações" coleta dados "soltos" e combina os bits e partes em novos fatos e indicações por meio de avaliação (determinação de valor), integração (compilação de partes relacionadas) e interpretação (análise de dados relacionados).

4. O passo final é a divulgação; esta etapa garante que os vários componentes organizacionais envolvidos no processo obtenham a inteligência necessária de forma adequada e em tempo hábil. Para isso, dois critérios devem ser atendidos – o primeiro é a pontualidade:

a inteligência que chega tarde demais para ser incorporada ao processo de tomada de decisão coloca o gestor praticamente na mesma posição de um espectador. O segundo é a disponibilização de forma utilizável: enviar um *pen drive* de computador a um posto de comando de campo sem um computador pode parecer absurdo, mas serve como um excelente exemplo. Não importa quão valiosos sejam os dados no *pen drive*, eles são inúteis naquele momento.

Infelizmente, em diversos incidentes críticos contra instituições financeiras, com atuação de quadrilhas criminosas articuladas, as forças de segurança atuam somente com informações originarias dos Centros de Operações, transmitidas às equipes atuando no caso sem qualquer análise, registro ou processamento, e sem qualquer apoio da inteligência no momento do caos. Isto foi constatado em pesquisa realizada pelo autor junto a mais de uma centena de policiais que atuaram no roubo a uma instituição bancária na cidade de Botucatu em 30 julho de 2020.

REUNINDO E DISPONIBILIZANDO A INTELIGÊNCIA

Há duas escolas de pensamento que tratam sobre a melhor forma de obter inteligência. Tradicionalmente, a aplicação da lei usa uma estratégia passiva que defende métodos dependentes do pessoal em campo, na crença que, como eles já estão em contato e, em muitos casos, envolvidos pessoalmente com o incidente, são os mais capacitados para fornecer as informações necessárias.

Uma das manifestações mais comuns dessa escola de pensamento é a busca com os primeiros interventores ou, como alguns autores americanos conceituam, "pesquisa para-brisa de viatura" – quando ocorre um incidente grave, como terremoto, inundação, incêndio, tempestade, uma "pesquisa para-brisa" é implementada usando unidades de campo para relatar o que eles observam em um local central, geralmente um posto de comando, onde é montada uma imagem mais completa e são tomadas decisões.

Embora essa filosofia pareça muito prática, ela é insuficiente, pois a coleta de informações é um dever colateral e predominam os deveres diretamente relacionados à situação. As unidades de campo se envolvem rapidamente no combate a incêndios, resgates, controle de tráfego e outras tarefas com base na situação local, conforme lhes é apresentado. Portanto, esse método coloca os profissionais em função de comando na posição de aceitar passivamente a inteligência, ao invés de buscá-la ativamente.

O segundo método defende uma abordagem proativa e evita prioridades concorrentes. Essa estratégia, chamada inteligência ativa, atribui missões de inteligência a pessoal e unidades cuja principal responsabilidade é obter as informações e retransmiti-las a um posto de comando. Reunir inteligência não é mais uma tarefa secundária, mas a missão principal.

Mesmo essa estratégia não deixa de ter suas desvantagens, pois utiliza recursos em uma função de suporte que não poderia ser empregada para resolver o problema em questão.

Assim, um dilema é revelado: o gestor que confia apenas em uma "pesquisa de para-brisa" é forçado a tomar decisões com base em informações incompletas, enquanto aquele que confia inteiramente em uma estratégia ativa é obrigado a renunciar a avaliações precoces e desviar as unidades do problema propriamente dito.

Como os métodos de coleta de inteligência passiva e ativa têm desvantagens, uma combinação dos dois geralmente é a mais eficaz.

Em grandes desastres, as primeiras informações a chegar a um posto de comando são quase sempre relatórios de campo, mas eles nunca completam o quadro de inteligência. Assim, quando o tempo e os recursos permitem, a função de inteligência é aumentada por unidades designadas, com atribuições específicas que "preencham os espaços em branco".

Depois que as informações atingem um posto de comando, elas são processadas em inteligência para incorporação no processo de tomada de decisão em toda a organização tática.

Historicamente, o método mais comum de disseminar inteligência tem sido uma estratégia de impulso: usa uma sede de recurso superior para decidir quem precisa saber o que para, em seguida, "empurrá-lo" para unidades subordinadas na forma de atualizações e resumos de inteligência.

Essa é uma atividade extremamente trabalhosa e requer pessoas com conhecimento e experiência dedicadas à tarefa de determinar quais informações devem ser enviadas e para quem.

Em grandes operações, e com localizações geográficas amplamente separadas, as informações relevantes para um componente podem ser completamente inúteis para outro. Assim, o produto de inteligência não apenas deve ser priorizado, mas separado e roteado em direções diferentes.

Outro método emprega uma estratégia de atração, também conhecido como método *pull*: coloca informações em um repositório central, onde estão disponíveis para as unidades subordinadas acessarem conforme desejado; as informações podem ser enviadas e extraídas sempre que necessário. Dessa maneira, os comandantes locais têm a capacidade de construir sua própria imagem de inteligência, aumentando o que receberam com o que mais desejam saber. Itens como clima, mapas e fotografias são apenas alguns dos tipos mais comuns de inteligência que podem ser facilmente armazenados e "puxados".

Embora alguns métodos comuns de armazenamento dessas informações para facilitar o acesso incluam quadros de status, pastas e arquivos, sua localização física exigia a presença de alguém para coletá-las. Atualmente, um dos locais mais fáceis e acessíveis é a Internet; qualquer pessoa autorizada com acesso à Internet pode pesquisar e desenhar a partir de uma variedade de fontes, como relatórios e resumos de inteligência, gráficos, mapas, fotografias e similares.

Cada uma das estratégias tem seus próprios pontos fortes e fracos e não há uma "resposta certa". As soluções mais eficazes usaram as vantagens de uma estratégia para compensar as desvantagens de outra. Por exemplo, uma estratégia passiva pode ser usada para obter qualquer informação disponível no período mais curto, mas, reconhecendo que o quadro de inteligência ainda não está completo, designará pessoal ou unidades para missões de inteligência específicas, a fim de aumentar os relatórios iniciais.

Da mesma forma, as organizações sempre acharão necessário enviar informações que devem ser incorporadas à tomada de decisões para garantir uma imagem operacional comum.

O manual do Sistema Nacional de Gestão de Incidentes dos Estados Unidos que descreve a Função de inteligência e investigação de operação em campo, descreve a importância da informação para fornecer a imagem operacional comum:

O gerenciamento eficaz de emergências e as atividades de resposta a incidentes dependem de sistemas de comunicação e informação flexíveis para fornecer um quadro operacional comum ao pessoal de gerenciamento/resposta a emergências. O planejamento de comunicações e gerenciamento de informações deve abordar as políticas e procedimentos, equipamentos, sistemas, padrões e treinamento necessários para alcançar comunicações integradas (tradução nossa) (FEMA, 2017).

O PARADOXO DA INTELIGÊNCIA E O AXIOMA DA INTELIGÊNCIA

Duas características pouco conhecidas da função de inteligência são o "paradoxo da inteligência" e o "axioma da inteligência". Um paradoxo é uma afirmação que exibe aspectos aparentemente inexplicáveis ou contraditórios.

Em se tratando de gestão de incidentes, isso acontece porque os ambientes táticos não são apenas dinâmicos, mas as resoluções satisfatórias são inerentemente sobrecarregadas com restrições de tempo severas e a obtenção de informações completas e de qualidade geralmente é um processo intenso e demorado.

No entanto, "esperar" pela inteligência exige que as decisões sejam adiadas, o que pode se tornar ineficaz porque a situação terá mudado. Essa é uma questão fundamental que confronta todos os gestores de incidentes uma vez ou outra. É evidente, então, que quanto mais rápida e fácil a informação relevante puder ser incorporada ao processo de tomada de decisão, maior será o seu valor e impacto na resolução final.

HEAL (2008) em artigo publicado na revista *The Tactical* explica que a capacidade de obter e avaliar rapidamente as informações para fornecer inteligência oportuna, precisa e confiável para a tomada de uma decisão oferece uma vantagem substancial, e muitas vezes decisiva, aos comandantes táticos.

Num incidente, inicialmente, qualquer informação é útil porque permite a tomada de decisões enquanto o esforço para obtê-las é mínimo. Mais tarde, à medida em que o tomador de decisão se torna mais consciente dos fatores e influências situacionais, informações adicionais fornecem cada vez menos conhecimento e compreensão, enquanto o esforço para obtê-las se torna cada vez mais difícil.

Em algum momento, o esforço para obter informações mais úteis excede seu valor e outras tentativas não são apenas improdutivas, mas até contraproducentes, e o esforço que poderia ser mais bem utilizado em outros lugares é desperdiçado. Assim, pode-se observar que qualquer coisa que reduza o esforço aumenta automaticamente o valor, porque mesmo informações de valor marginal podem ser rapidamente identificadas e descartadas.

O esforço para obter rapidamente informações úteis pode ser bastante reduzido pela captura e armazenamento para uso posterior, usando uma equipe treinada com habilidades e conhecimentos especializados para buscá-las e avaliá-las, e tecnologia para aferir, exibir e comparar dados, utilizando ferramentas para obter *insights* e compreensão.

Conforme explica HEAL (2012) em seu livro *Field Command*, existem quatro métodos predominantes usados para diminuir esse esforço, quais sejam: acelerar o acesso – isso geralmente é realizado organizando as informações disponíveis; pode ser tão simples quanto compilar uma lista telefônica com os números relevantes fornecidos de um modo facilmente compreensível. Outra possibilidade inclui a pré-identificação de pontos de contato com especialistas no assunto ou a indexação de relatórios pós-ação de incidentes críticos para a referência.

O segundo método é a incorporação de habilidades e conhecimentos especializados – exige uma equipe treinada, que entenda a necessidade crítica de certos tipos de informação e o modo mais hábil e eficiente de obtê-la, evitando duplicação de esforços e improdutividades. Essa equipe também tende a ser mais intuitiva ao buscar e discernir a relevância de uma mistura de dados aleatórios.

O terceiro método é pelo uso da tecnologia – computadores para coletar, armazenar, analisar e exibir dados é o mais conhecido. Um benefício especial para operações prolongadas ou situações com precedentes é o uso de bancos de dados e planilhas para rastrear, analisar, comparar e exibir informações de várias maneiras.

Outros avanços tecnológicos fornecem habilidades para ver no escuro (visores noturnos) para evitar a detecção, comunicar-se silenciosamente e até verificar o posicionamento de pessoas atrás das paredes (FIGURA 3).

O quarto método é usando ferramentas de análise – elas fornecem uma capacidade aprimorada para discernir e exibir rapidamente informações relevantes a partir de uma mistura de dados soltos, e não precisam ser complicadas ou sofisticadas. Por exemplo, o uso de um formato padrão é um dos métodos mais eficientes para reduzir esforço, porque organiza automaticamente as informações em categorias.

Isso é especialmente importante nos relatórios de campo de observadores não treinados, pois fornece uma lista de verificação mental para garantir que nada significativo seja esquecido. Também fornece um arranjo fácil para que analistas revisem rapidamente um grande número de relatórios em busca de uma informação específica, sem precisar ler documentos inteiros. Matrizes, listas de verificação, planilhas, bancos de dados, mapas, diagramas, tabelas e gráficos são outros exemplos de ferramentas de análise para determinar a relevância e integrar informações em formulários utilizáveis.

AS SETE CARACTERÍSTICAS DA BOA INTELIGÊNCIA

Embora existam muitos fatores para a verificação de informações, sete predominam. A objetividade – a inteligência objetiva é o mais livre possível de preconceitos, distorções, sentimentos ou interpretações pessoais. Como a informação quase sempre pode ser interpretada de mais de uma maneira, é difícil fatorar predileções humanas com absoluta certeza. Até a escolha das palavras em um relatório pode distorcer o entendimento. Por exemplo, considere as diferenças sutis, mas significativas, entre palavras como raiva, fúria ou ira. É fundamental que as informações destinadas a informar um tomador de decisão transmitam precisamente o significado sem viés.

A segunda característica é a completude – ser completa não significa exaurida, apenas que as informações são suficientes para permitir que um tomador de decisão tire conclusões confiáveis. De fato, é impossível remover completamente a incerteza em situações táticas, no entanto, devem ser feitas tentativas para reduzi-la. A insistência em "todos os fatos" condena a resposta a uma reação, porque a situação muda mais rapidamente do que pode ser exaustivamente avaliada.

A terceira característica é a precisão – as informações devem estar factualmente corretas, pois é necessário tomar decisões sobre qualquer informação disponível.

A quarta característica é a pontualidade – essa é tão crítica para a boa inteligência que o ditado "atrasado é o mesmo que ausente" é frequentemente citado para enfatizar esse aspecto. Alguns tipos de informações são tão sensíveis ao tempo que são repassadas imediatamente aos tomadores de decisão sem que sejam minuciosamente examinadas. Por exemplo, relatórios de um suspeito fora de um confinamento podem ser transmitidos diretamente ao comandante do incidente antes de qualquer investimento adicional em tempo e esforço. No mínimo, isso significa que os formatos padrão para relatórios e resumos de inteligência devem ser obrigatórios e, idealmente, o texto é aumentado com gráficos, mapas, fotografias, diagramas e gráficos.

A quinta característica é a relevância – embora seja fácil pensar em relevância em termos absolutos, não é tão simples quando relacionada às operações de grande porte e prolongadas. Nem toda a inteligência é igualmente significativa para todas as funções ou componentes organizacionais. Além disso, diferentes escalões da organização de resposta precisarão de diferentes graus de detalhe. Como um atributo intrínseco da informação é o fato de ser consumidora (na medida em que consome a atenção humana), sobrecarregar um tomador de decisão com uma informação supérflua ou imaterial não é apenas uma distração, mas contraproducente.

A sexta característica é a disponibilidade – deve estar acessível e em formato utilizável para fornecer entendimento aos tomadores de decisão. Há inteligência tão sensível que deve ser mantida em segredo; mas o segredo é a antítese da disponibilidade. Consequentemente, o aparato de inteligência deve ser projetado para fornecer proteção a informações confidenciais sem negar o acesso aos tomadores de decisão que delas necessitam.

A sétima característica que ela deve ser utilizável. Embora isso possa parecer evidente, está se tornando cada vez mais complicado na medida em que dependemos cada vez mais dos dados eletrônicos. Além da variedade de dispositivos de armazenamento portáteis, o número de aplicativos de *software* incompatíveis é prolífico. Utilizável também significa que fornece ao tomador de decisão um entendimento claro e conciso, sem qualquer investimento adicional de tempo e esforço.

Em maior ou menor grau, cada uma dessas características é necessária para uma boa inteligência, mas nem todas são iguais o tempo todo. Por exemplo, em algumas circunstâncias, a importância da pontualidade pode superar a necessidade de ser objetiva e completa.

CONCLUSÃO

Incidentes críticos podem ultrapassar rapidamente diversas áreas e instituições enquanto se expandem para vários domínios e continuarão a desafiar nossos processos e estruturas tradicionais e lineares de resposta a crises. Em geral, eles foram projetados para uma atuação na Era Industrial em escala e moldados por suposições anteriores sobre comunicações, massa, territorialidade e alcance.

Para lidar com ambientes operacionais complexos, incertos e em rápida mudança, necessitamos de informações ágeis e em tempo real, que de fato melhorem nossos mecanismos operacionais, permitindo uma melhor estratégia pelo tomador de decisão subsidiada pela inteligência conectada a ações táticas, em todos os domínios.

O uso de informações atualizadas permite que o gestor do incidente entenda os fatos e reconheça seu significado através de uma visão mais ampla do problema. Possibilita aplicar julgamento aos *insights*, gerando compreensão e consciência compartilhada com todos aqueles que atuam na solução do incidente, operando como um sistema sociotécnico composto por pessoas, processos e estruturas de tecnologia e inteligência, adequando-se à Era da Informação e capaz de explorar vantagens cognitivas, tanto humanas quanto de máquinas, visando a preservação da vida e a otimização de recursos.

REFERÊNCIAS

ALEXANDER, Blair. *The Intelligence Function in the Tactical Operations Center.* In: Tactical Edge Spring 2011. Page 26. 2011. Disponível em: *https://www.hptinstitute.com/wp-content/uploads/2014/01/Intelligence-Function-In-the-Tactical-Operations-Center.pdf.*

FEMA. 2017. *National Incident Management System – NIMS.* 3rd ed. Washington: United States of America – Department of Homeland Security, 2017.

HEAL, Sid. *Information Evaluation.* Tactical Edge. Washington, p. 86. Edge Summer 2013. Disponível em: *https://fieldcommandllc.com/information-evaluation-article/.*

HEAL, Sid. *Intelligence Paradox and Intelligence Axiom.* Tactical Edge. Washington, p. 56. Edge Summer 2002. Disponível em: *https://fieldcommandllc.com/information-evaluation-article/.*

HEAL, Sid. *Seven Characteristics of Good Intelligence.* Tactical Edge. Washington, p. 54. Edge Summer 2008. Disponível em: *https://fieldcommandllc.com/information-evaluation-article/.*

MCMAINS, Michael J.; MULLINS, Wayman C. *Interviewing Intelligence Sources.* CNT Fall. Washington, p. 14. Crisis Negotiations, 2011. Disponível em: *https://fieldcommandllc.com/information-evaluation-article/.*

MORRIS, Peter. *Pulling Up the Corner of the X: Intelligence and Tactical Police Operations.* Tactical Edge. Washington, p. 50. Edge 2019. Disponível em: *https://fieldcommandllc.com/information-evaluation-article/.*

NTOA, National Tactical Officers Association. *Intelligence Gathering (Information vs. Intelligence).* Tactical Edge. Washington, p. 77. 1994. Disponível em: *https://public.ntoa.org/default.asp?action=articles.*

RACORTI, Valmor Saraiva. *Proposta estratégica para atualização, difusão e emprego da doutrina de gerenciamento de incidentes na Polícia Militar do Estado de São*

Paulo. Monografia de conclusão do Doutorado em Ciências Policiais de Segurança e Ordem Pública. Centro de Altos Estudos de Segurança CAES "Cel PM Nelson Freire Terra". Polícia Militar do Estado de São Paulo, 2019. p. 81.

RACORTI, Valmor Saraiva. *Proposta estratégica para atualização, difusão e emprego da doutrina de gerenciamento de incidentes na Polícia Militar do Estado de São Paulo*. Gestão de Incidentes em Segurança Pública, São Paulo: Biografia, 2020. p. 43-81.

RAGSDALE, Bob. *Basic Intelligence*. CNT Spring. Washington, p. 8. 2008. Disponível em: *https://public.ntoa.org/default.asp?action=articles*.

CINTRA, Cláudio Rogério Ulhôa et al (Org.). *Gestão de Incidentes em Segurança Pública: artigos de ciências policiais e treinamentos de ações corretivas*. São Paulo: Biografia, 2020. 216 p.

VALMOR RACORTI

(*Velho General* – 09 abr. 2021)

PROTOCOLO BÁSICO PARA SUICÍDIO POR POLICIAL

Primeiro, devemos compreender o que significa a expressão *Suicídio por Policial* (SPP): ela advém da tradução do termo utilizado nos Estados Unidos da América: *Suicide by Cop*. Refere-se ao indivíduo que deseja acabar com a própria vida de maneira imediata, mas na ausência da determinação de cometer o suicídio, cria-se um cenário para que a Polícia seja pressionada a reagir à agressão e responder com força letal.

O Protocolo Básico torna-se uma ferramenta para que os primeiros intervenientes em incidentes críticos respondam com segurança as ocorrências onde o indivíduo decide terminar com a própria vida pelas mãos de policiais. Esses são os encontros chamados de incidentes SPP.

Segundo especialistas do tema nos Estados Unidos, estima-se que a cada ano, ocorrem 100 ou mais incidentes fatais de SPP.

No Brasil, por ser um tema ainda desconhecido pelas Polícias, não temos os dados, mas em uma análise recente das ocorrências atendidas nos últimos cinco anos pelo Batalhão de Operações Especiais, através do Grupo de Ações Táticas Especiais (GATE), 17% apresentam indícios claros de tal natureza.

No momento em que o primeiro interveniente se deparar com um incidente SPP, deve considerar algumas atitudes do indivíduo que denotam a indícios reais de ser um SPP e devem ser tratados de forma diferente de outros tipos de chamados, a fim de proteger a segurança de todos. São indicadores de um possível incidente de SPP:

- O indivíduo diz "atire em mim" ou de outra forma expressa o desejo de morrer;
- Parece estar deprimido ou em crise de saúde mental;
- Não se comporta como um criminoso. Por exemplo, não tenta fugir do local da ocorrência;
- Apresenta comportamento agressivo com a polícia sem motivo aparente;

- Exibe comportamento estranho, como cometer atos aleatórios de vandalismo, agressão sem causa aparente ou danos a bens materiais.

O protocolo para policiais que respondem a um potencial incidente de Suicídio por Policial de uma forma simples e objetiva passa por de três (três) etapas:

1ª ETAPA

Os primeiros intervenientes devem se proteger e garantir a segurança pública antes de fazer qualquer outra ação. Devem proteger-se imediatamente, tendo extremo cuidado e avisar as unidades que estão chegando. Se a pessoa tiver uma faca: Manter uma distância segura e usar a cobertura disponível, como um veículo ou outro objeto grande, cerca etc.

Se o alvo não parecer ter uma arma: Não dar ordens diretas, fazer pequenos pedidos, um de cada vez. Por exemplo, se a pessoa estiver com as mãos atrás das costas, não grite "Mostre-me suas mãos!" Diga: "Você pode se virar, para que eu possa ver se você tem alguma arma nos bolsos de trás? Assim, saberei que ambos estamos seguros aqui." Somente depois de estabelecer uma posição que garanta sua segurança, você poderá iniciar um processo de fazer perguntas ao sujeito e procurar maneiras de diminuir a situação.

Deve ser solicitado o apoio de unidades especializadas. Incidentes SPP são críticos e devem ser atendidos com os recursos e técnicas apropriadas de especialistas.

2ª ETAPA

Os policiais devem estar cientes de que apontar uma arma para uma pessoa potencialmente suicida aumentará sua ansiedade e agravará a situação.

"Apontar uma arma de fogo eleva o nível de ansiedade do suspeito."

3ª ETAPA

Os policiais devem compreender que suas habilidades de comunicação são a ferramenta mais eficaz em incidentes de SPP.

Pesquisa recente indica que a comunicação eficaz consegue amenizar a situação nos momentos iniciais da ocorrência buscando um resultado satisfatório. Se um policial disser: "Estou aqui para ajudá-lo", mas estiver apontando uma arma de fogo para a pessoa suicida, está transmitindo mensagens conflitantes.

"E as pessoas sempre acreditarão na mensagem não verbal", diz o psicólogo policial americano dr. John Nicoletti. Pessoas suicidas permitem que os policiais resolvam a maioria dos incidentes de forma pacífica, sem necessidade de usar armas menos letais ou outro uso de força.

CONCLUSÃO

Nos casos de SPP, os primeiros intervenientes devem manter o foco no cumprimento do dever legal, cujo objetivo principal é a preservação da vida de todas as pessoas envolvidas, inclusive a dos causadores do incidente.

Torna-se essencial o treinamento de todos os policiais, uma vez que todos são potenciais primeiros intervenientes, a fim de ampliar o conhecimento para que os protocolos e procedimentos operacionais sejam implementados de forma rápida, correta e decisiva.

VALMOR RACORTI
(*Velho General* – 29 mar. 2021)

SUICÍDIO POR POLICIAL: UM TEMA DE ALTA COMPLEXIDADE E BAIXA PUBLICIDADE

Os profissionais imbuídos da missão de manutenção e preservação da Ordem Pública jamais estarão preparados para todas as situações caso se mantenham inertes às evoluções do crime e das modalidades criminosas. Assim sendo, os agentes de segurança pública devem buscar constante atualização das técnicas, táticas e procedimentos empregados nas diversas ocorrências policiais. Entretanto existem situações limites em que a força letal da polícia é desejada por parte do próprio causador da crise.

No Estado de São Paulo, a Policia Militar conta com unidades especializadas para o apoio à Sociedade Paulista em situações extremas, atualmente o Grupo de Ações Táticas Especiais (GATE) se destaca na intervenção em crises complexas de Segurança Pública como: criminosos com reféns, sequestradores escondidos em locais de difícil acesso, ações de terrorismo, suicidas armados, ações antibomba e contrabomba – como desativações, remoções e detonações controladas de artefatos explosivos –, rebeliões em presídios e outras missões que o Comando da Instituição julgue cabível o apoio desta tropa especializada.

Ocorre que o GATE possui grande investimento em equipamentos específicos, a exemplo de: fuzis de precisão para a missão de sniper, trajes antibombas, robôs com câmeras e braços manipuladores, escudos, capacetes balísticos, entre outros. Além de contar com um altíssimo investimento intelectual como: conhecimento de psicologia e neolinguística (principalmente para aplicação por parte da equipe de negociação), cursos nacionais e internacionais para aprimorar as técnicas e táticas empregadas, entre outros.

A possibilidade de maior especialização tem como consequência direta dois aspectos:

1. Grande número de ocorrências por parte do Grupo, sendo mais de 430 em crises com reféns, em presídios rebelados e suicidas armados e mais de 1000 em crises atinentes ao esquadrão de bombas. Gerando "know-how" e obrigatoriedade em realizar estudos de casos e treinamentos não rotineiros.
2. Contato com diferentes tropas do mundo dialogando sobre diversas matérias, gerando, consequentemente, uma missão inerente às tropas especializadas: ser um polo difusor de conhecimento interna e externa corporis.

Por estes motivos o Grupo busca constante contato com diversas tropas do mundo a fim de entender quais ocorrências podem causar maiores impactos na sociedade e prejudicar o "bem comum" tão almejado pela Legislação nacional. Atualmente o GATE estuda, discute e treina à exaustão um assunto pouco discutido no métier policial: "Suicídio por policial" e justamente é este o foco deste trabalho. Busca-se por meio deste artigo disseminar o conhecimento aprendido na teoria e na prática a fim de colaborar com as diversas Instituições Policiais.

VALMOR RACORTI
(14 fev. 2020)

A POLÍCIA MILITAR E A PROTEÇÃO DE AUTORIDADES DURANTE A COPA DO MUNDO

INTRODUÇÃO

Com a proximidade da Copa das Confederações em 2013 e da Copa do Mundo FIFA em 2014, a Polícia Militar está tomando todas as medidas de planejamento visando garantir sua missão constitucional de polícia ostensiva e preservação da ordem pública a todo público inserido nos grandes eventos. Deve-se considerar que o desafio da segurança pública comporta enorme repercussão, e qualquer erro maior pode prejudicar a imagem da instituição no país e no mundo.

Desta forma, a Polícia Militar do Estado de São Paulo, como desdobramento de suas atribuições constitucionais, assume, em sua circunscrição territorial, a responsabilidade de zelar pelos membros dos Poderes do Estado, em face do exercício de suas funções, bem como de seus familiares e ainda de autoridades estrangeiras e de outras federações que estejam em missão oficial no Estado de São Paulo.

Nosso propósito, ao realizarmos o presente estudo, é contribuir para a difusão da cultura e competências dos órgãos de segurança no que se refere à proteção de autoridades ou dignitários e levantar questões de ordem prática que possam lançar luzes sobre o tema, auxiliando a Polícia Militar a identificar obstáculos e antecipar medidas de resolução que possibilitem seu bom desempenho operacional.

ASPECTOS LEGAIS

Antes de abordarmos diretamente o tema em questão, importante destacarmos as competências de cada órgão público ligado à proteção de autoridades públicas.

GABINETE DE SEGURANÇA INSTITUCIONAL DA PRESIDÊNCIA DA REPÚBLICA

O Gabinete de Segurança Institucional, órgão essencial da Presidência da República, composto por integrantes das Forças Armadas e das Polícias Federal e Rodoviária Federal, tem as seguintes atribuições (Lei nº 10.683, de 28 de maio de 2003):

I - assistir direta e imediatamente ao Presidente da República no desempenho de suas atribuições;

II - prevenir a ocorrência e articular o gerenciamento de crises, em caso de grave e iminente ameaça à estabilidade institucional;

III - realizar o assessoramento pessoal em assuntos militares e de segurança;

IV - coordenar as atividades de inteligência federal e de segurança da informação;

V - zelar, assegurado o exercício do poder de polícia, pela segurança pessoal do Chefe de Estado, do Vice-Presidente da República e respectivos familiares, dos titulares dos órgãos essenciais da Presidência da República e de outras autoridades ou personalidades quando determinado pelo Presidente da República, bem como pela segurança dos palácios presidenciais e das residências do Presidente e do Vice-Presidente da República.

Vale lembrar que a lei determina que os locais onde o Chefe de Estado e o Vice-Presidente da República trabalham, residem, estejam ou haja a iminência de virem a estar, e adjacências, são áreas consideradas de segurança das referidas autoridades, cabendo ao Gabinete de Segurança Institucional da Presidência da República adotar as necessárias medidas para a sua proteção, bem como coordenar a participação de outros órgãos de segurança nessas ações.

Assim, a segurança da Presidente da República, do Vice-Presidente, dos Ministros de Estado e de outras autoridades designadas pela própria Presidente da República, e seus respectivos familiares, deverá ser feita pelo Gabinete de Segurança Institucional da Presidência da República – GSI.

POLÍCIA FEDERAL

Nos termos do art. 12 do Regimento Interno do Departamento de Polícia Federal, aprovado pela Portaria MJ n° 2.877, de 30 de dezembro de 2011, à Diretoria-Executiva, por meio da Divisão de Segurança de Dignitário e Proteção ao Depoente Especial, compete, dentre outras atribuições:

I - segurança institucional, de dignitário e de depoente especial;
II - segurança de Chefe de Missão Diplomática acreditado junto ao governo brasileiro e de outros dignitários estrangeiros em visita ao País, por solicitação do Ministério das Relações Exteriores, com autorização do Ministro de Estado da Justiça.

O mesmo Regimento Interno estabelece ainda que as superintendências regionais da Polícia Federal contam com Núcleos de Segurança de Dignitários que executam tais missões.

Desta forma, Diplomatas, Chefes de Estado e outras autoridades estrangeiras, mediante autorização do Ministro da Justiça, deverão receber proteção da Polícia Federal.

POLÍCIA CIVIL E POLÍCIA MILITAR DO ESTADO DE SÃO PAULO

Em relação à Polícia Civil, o recente Decreto n° 58.150, de 21 de junho de 2012, criou o Departamento de Capturas e Delegacias Especializadas (Decade), ao qual subordina-se a Divisão Especializada de Atendimento ao Turista (Deatur), que atende aos Aeroportos de Congonhas, Internacional de Guarulhos e Viracopos, em Campinas, e os sistemas de transportes do Metrô e CPTM, além de locais de eventos de repercussão nacional e internacional.

Com a edição deste diploma legal, foi extinta a Delegacia de Polícia de Proteção a Dignitários, Autoridades e Representantes Consulares. Desta forma, a nosso ver, confirma-se a vocação e tradição da Polícia Militar no âmbito estadual para a proteção de autoridades, mormente por meio da Casa Militar do Gabinete do Governador.

É o que já se delineava no vetusto, mas ainda vigente, texto da Lei nº 616, de 17 de dezembro de 1974, cujo artigo 2º, inciso VI assim estabelece:

> Artigo 2º - Compete à Policia Militar:
> [...]
> VI - exercer:
> - missões de honra, guarda e assistência militares;
> - guarda da sede dos Poderes Estaduais e da Secretaria da Segurança Pública;
> - atividade da Casa Militar do Governo do Estado;

À Polícia Militar do Estado de São Paulo, através da Casa Militar, com equipes da Divisão de Segurança de Dignitários, incumbe a missão de planejar e executar a segurança pessoal do Governador do Estado e do Vice Governador, de seus familiares e de outras autoridades em visita Oficial ao Estado, incluindo Chefes de Estado e Governadores de outras Unidades da Federação, conforme estabelece o artigo 20 do Decreto nº 48.526, de 4 de março de 2004.

A DEMANDA POR SEGURANÇA PÚBLICA

A demanda por segurança pública em São Paulo, mesmo em condições rotineiras, é elevadíssima, em razão da quantidade de pessoas e da complexidade da vida, especialmente nos grandes centros urbanos. Prover a segurança de rotina simultaneamente à realização de eventos de grande envergadura mostra-se um enorme desafio à Polícia Militar, na medida em que é preciso empenhar grande esforço de pessoal e recursos logísticos nestas localidades, sem prejuízo das suas atividades de rotina.

Desta forma, durante a Copa das Confederações e a Copa do Mundo, dois dos maiores eventos do planeta, onde serão realizadas diversas partidas de futebol e também eventos diversos da FIFA diariamente, os quais mobilizarão torcedores, imprensa, atletas e representantes oficiais de países participantes, teremos um mês inteiro de atividades que demandarão grandes efetivos e recursos logísticos da Polícia Militar, a qual não poderá olvidar de seu patrulhamento de rotina, como o patrulhamento ostensivo-preventivo e o atendimento das chamadas de emergência.

À demanda rotineira de segurança pública certamente se somará uma demanda considerável pela segurança de autoridades, o que consumirá um também considerável efetivo e empenhará recursos materiais em larga escala.

Vale mencionar que no Planejamento Estratégico elaborado pela Secretaria Extraordinária de Segurança para Grandes Eventos, ficou definido que cabe ao Ministério das Relações Exteriores o reconhecimento da condição de VIP (*Very Important Person*) ou VVIP (*Very Important Person*) da autoridade solicitante, de acordo com os termos das Cartas de Garantias assinadas pelo Governo Federal.

Portanto, a concessão do *status* de dignitário definirá qual Instituição será a responsável pela respectiva segurança, bem como o nível do serviço a ser realizado (célula completa ou reduzida), o que significa dizer se haverá, por exemplo, a participação ou não de motociclistas batedores. Essa definição obedecerá às atribuições de cada instituição e será executada de acordo com a capacidade operacional de cada uma delas.

No entanto, em linhas gerais, as escolhas das comitivas ficarão a cargo das polícias estaduais, com apoio federal, quando aquelas o solicitarem. Além destes dignitários, no entanto, certamente teremos que dar algum apoio a Governadores de outros estados e suas comitivas, como é de nossa competência e prática usual.

Assim, "o que" cada Instituição envolvida deverá fazer para que se possa prover segurança em um nível adequado a todas pessoas durante a realização dos jogos é o que se definirá por meio das políticas alinhavadas no Planejamento Estratégico de Segurança para a Copa do Mundo Fifa Brasil 2014.

No entanto, "como" fazer caberá a cada Instituição em seu âmbito interno.

CONSIDERAÇÕES FINAIS

Nosso propósito, reiteramos, é contribuir para a difusão da cultura e das competências legais no que se refere à segurança de dignitários (ou proteção de autoridades) e suscitar questões práticas que possam auxiliar a Polícia Militar em seu planejamento para os eventos da Copa das Confederações e, em especial, a Copa do Mundo FIFA 2014.

Neste sentido, a fim de fomentar uma primeira discussão, alguns aspectos que identificamos como críticos e para os quais deverão ser buscadas alternativas na implantação de medidas internas para atender à demanda por segurança de dignitários durante esses dois grandiosos eventos, são:

1. escalas de serviço com horários pouco flexíveis;
2. falta de amparo legal para emprego voluntário do policial militar nos seus dias de folga;
3. falta de amparo legal para pagamento de bonificação ou gratificação pelo emprego em eventos relacionados às copas;
4. quantidade e qualidade dos equipamentos (rádios, viaturas, telefonia móvel, armamento, trajes, etc.);
5. operacionalização e treinamento de escoltas com apoio de batedores da PMESP e de outras Forças;
6. motocicletas da PM em diversos modelos e descentralizadas da ROCAM nas OPM territoriais;
7. operacionalização de ajustes para deslocamentos para outros municípios e para outros estados da Federação, se e quando necessários;
8. padronização de procedimentos junto à Polícia Federal, ANAC e Infraero para embarque e desembarque dos agentes armados em aeronaves, quando acompanhando autoridades;
9. integração de sistemas de comunicação entre as diversas Forças;
10. treinamento em idiomas e informações sobre eventos e calendários;
11. definição de itinerários não coincidentes com os de torcidas;
12. uso de veículos blindados;
13. placas oficiais de identificação.

Que estas questões possam ser um ponto de partida para auxiliar a Instituição no planejamento e execução das missões que lhe forem confiadas.

REFERÊNCIAS

Decreto estadual nº 48.526, de 04 de março de 2004 - Reorganiza a Casa Militar do Gabinete do Governador e dá providências correlatas.

Decreto estadual nº 58.150, de 21 de junho de 2012.

Lei estadual nº 616, de 17 de dezembro de 1974 – Organização básica da Polícia Militar do Estado de São Paulo.

Lei federal nº 10.683, de 28 de maio de 2003.

Manual Operacional da Divisão de Segurança de Dignitários da Casa Militar do Gabinete do Governador do Estado de São Paulo. 1ª Ed. São Paulo: 2009.

Portaria MJ nº 2.877, de 30 de dezembro de 2011 - Regimento Interno do Departamento de Polícia Federal.

Regimento Interno das Comissões Estaduais para Grandes Eventos.

Secretaria Extraordinária de segurança para Grandes Eventos - Planejamento Estratégico SESGE – COPA 2014 - edição completa digitalizada.

FABIO SERGIO DO AMARAL, VALMOR RACORTI
(*Velho General* – out. 2012)

A ATUAÇÃO DAS FORÇAS POLICIAIS NO COMBATE ÀS DROGAS

INTRODUÇÃO

AS DROGAS E A HUMANIDADE

O consumo de substâncias entorpecentes, normalmente advindas de plantas e capazes de atuar sobre o funcionamento do corpo humano com efeitos dos mais diversos, especialmente em razão de seus princípios psicoativos, acompanha a humanidade desde seus primórdios. Foi assim com o consumo do ópio na Grécia e Roma antigas, além de outras culturas milenares que faziam uso de plantas com fins medicinais e religiosos.

Na América Espanhola, por exemplo, os primeiros colonizadores estimularam intensamente a produção e o consumo da coca, que se tornou um excelente negócio, tanto para colonizadores, como para colonizados. Mas, além da cocaína, outros produtos extraídos da vasta vegetação natural local passaram a ser também explorados, entre eles a erva-mate, o cacau, o guaraná e o tabaco.

A China enfrentou, em meados do século XIX, as chamadas Guerras do Ópio, cujos principais mercados consumidores eram a Europa e os Estados Unidos. Somente no final daquele mesmo século começaram a ser adotadas as medidas proibitivas de produção, comercialização e consumo de substâncias entorpecentes, especialmente nos Estados Unidos, e por meio de Tratados Internacionais que foram repercutindo nos diversos países.

Atualmente as drogas são entendidas e encaradas mundialmente como um problema de saúde e de segurança, já que são amplamente conhecidos os resultados devastadores de seu abuso.

O BRASIL E AS DROGAS

Algumas recentes notícias divulgadas na mídia, especialmente a que dá conta de que o Brasil ocupa a 2ª colocação no ranking mundial de consumo de cocaína e derivados (crack, por exemplo), atrás apenas dos Estados Unidos (figura 1), aumentaram a preocupação das autoridades e da população em geral com relação ao problema das drogas em nosso país.

Certamente, a indesejada posição no ranking mundial de consumo de drogas levanta a questão sobre o papel de cada entidade pública e de cada cidadão no enfrentamento da questão das drogas. Contudo, é preciso avaliar inúmeros outros aspectos na constante busca de aperfeiçoamento da atividade de cada envolvido, de forma que se possa dar a devida contribuição para o enfrentamento da questão com eficiência.

Importante observar, inicialmente, que na compilação destes dados não se fez diferenciação do uso de cocaína na forma inalada (em pó), injetada ou fumada (crack).

Essa observação é importante porque, se analisado isoladamente, o crack faz com que o Brasil mude de posição neste ranking. Segundo estudo realizado pelo Instituto Nacional de Pesquisa de Políticas Públicas do Álcool e Outras Drogas (INPAD) da Universidade Federal de São Paulo (UNIFESP), o Brasil é o maior mercado consumidor de crack do mundo e o segundo maior de cocaína. O estudo - que ouviu 4,6 mil pessoas com mais de 14 anos em 149 municípios do país, tem o nome de Levantamento Nacional de Álcool e Drogas (LENAD), aponta ainda que o Brasil representa 20% do consumo mundial do crack[1].

Essa droga chegou ao Brasil nos anos 90 e, devido ao seu baixo preço, se disseminou rapidamente entre usuários que não podiam comprar cocaína, atingindo de forma devastadora uma grande massa de jovens. Droga de efeito rápido e intenso, o crack leva o usuário rapidamente à dependência, daí a especial preocupação com ele.

Outra observação importante quanto aos dados da pesquisa se referem à contextualização da informação em relação à população mundial. Evidentemente que a segunda colocação neste ranking é incômoda e preocupante. No entanto, deve ser analisada proporcionalmente em relação às populações de todo o mundo. O Brasil ocupa hoje o 5º lugar em população no mundo, atrás da China, Índia, Estados Unidos e Indonésia.

Mas por que o Brasil está em segundo lugar em consumo de cocaína, se é somente a quinta maior população do mundo? É possível inferir que, por diversos fatores, especialmente questões socioculturais, como religião e regime político, bem como pela posição geográfica, China, Índia e Indonésia estejam atrás dos Estados Unidos e Brasil no ranking de consumo de cocaína, dois países com economia forte, população jovem e regime consolidado de liberdades, cenário propício para o consumo e tráfico de drogas.

A droga mais consumida na China atualmente é a heroína. Na Índia e Indonésia, é o ópio. Ambas são as drogas mais usadas no Oriente, em face da proximidade com o Afeganistão, maior produtor de ópio e heroína (derivado do ópio) do mundo[2].

No caso de Brasil e Estados Unidos, a localização geográfica destes países americanos favorece a distribuição da droga produzida por seus vizinhos regionais, Colômbia e Bolívia.

Aliás, o consumo de heroína no país registrou considerável aumento nos últimos anos, e este aumento está intimamente ligado ao fato de que ela passou a ser produzida na Colômbia.

Ou seja, o acesso da droga ficou bem mais fácil. Os chefões do tráfico do país vizinho resolveram entrar no negócio nos anos 90, quando o preço da cocaína começou a despencar. Há vinte anos, 1 grama de cocaína valia 100 dólares. Hoje, sai por 4 dólares, no máximo. Um grama de heroína, por sua vez, custa atualmente algo em torno de 200 dólares. Esse, digamos, redirecionamento estratégico fez com que a Colômbia se transformasse em pouco tempo num dos maiores produtores de heroína. Cerca de 12 % da droga que roda o planeta tem origem colombiana. (Fonte: Veja On-line - A heroína expande suas fronteiras. http://veja.abril.com.br /030702/p_060.html).

Ou seja, apesar de desconfortável, a segunda posição no ranking mundial de consumo de cocaína se apresenta, sob o ponto de vista meramente estatístico, como algo relativamente natural, diante do tamanho da população e das características econômicas, sociais, culturais e geográficas dos dois primeiros colocados, Estados Unidos e Brasil.

No entanto, a sensação das pessoas em geral é de que esses números se encontram neste patamar porque pouco tem sido feito no campo de prevenção e combate às drogas. Mas isso não é bem verdade.

Analisando-se os números nacionais, verifica-se que a quantidade de pessoas presas por tráfico de entorpecentes nos últimos anos, sofreu um expressivo aumento, não só em São Paulo, mas em todo o Brasil. Em 2006, o sistema penitenciário brasileiro contava com 47.472 pessoas presas por tráfico em todo o país. Entretanto, em 2010, registrou-se a marca de 106.491 presos pelo mesmo motivo, ou seja, um aumento de 124%.

Em 2011, cerca de 250 mil pessoas estavam presas em todo o Brasil por envolvimento com o tráfico de drogas, segundo dados do Ministério da Justiça.

Considerando as ocorrências registradas pela Polícia Militar do Estado de São Paulo como tráfico de entorpecentes no período de 2009 até 2011, verifica-se que os números passaram de 14.924 para 17.609, respectivamente, ou seja, um aumento de cerca de 18% no total de ocorrências.

As ocorrências de mesma natureza (tráfico de entorpecentes), cometidas por menores de idade e, portanto, registradas como atos infracionais, no mesmo período também contaram com considerável aumento, passando de 3.739 para 6.281, valor 68% maior em apenas três anos, demonstrando claramente a crescente participação de menores na "empresa" tráfico de entorpecentes.

Em relação à ocorrência criminal de porte de entorpecentes também houve aumento, mas não tão significativo, passando de 11.426 para 13.671 no mesmo período, aproximadamente 5%. Já os atos infracionais da mesma natureza (porte de entorpecentes) evoluíram de 3.045 para 4.012, aumentando em 32% o envolvimento de menores no consumo de drogas[3].

Na cidade de São Paulo, a mais complexa do país e cujos números são sempre maiores em todos os comparativos, desponta um cenário não muito diferente. No ano de 2006, houve 17.668 pessoas presas por tráfico de drogas, e quando comparado com 2010, observa-se que esse número subiu para 42.849 pessoas, valor 142% superior a 2006[4].

Outro dado importante que deve ser considerado vem do Instituto Sou da Paz. Seu Disque Denúncia, recebe um número de denúncias de tráfico de entorpecentes muito superior a qualquer outra modalidade criminal. No período de 2009, as denúncias de tráfico de entorpecentes correspondiam a 41% do total, e se elevaram para 46,7% em 2011.

A ONU, por meio de um relatório divulgado em junho deste ano, do Escritório das Nações Unidas sobre Drogas e Crime (UNODC), revelou que o consumo de cocaína cresceu no Brasil em relação aos anos anteriores, considerando especialmente dois fatores: o aumento em três vezes da quantidade de cocaína apreendida pela polícia entre 2004 e 2010 e a preocupação do governo brasileiro com o problema da dependência de drogas.

Todavia, a intervenção policial não cuida de reprimir as causas, embora atue sobre os efeitos indesejáveis da alta do consumo de drogas no país.

E é essa a constatação do Dr. Drauzio Varella[5]: certamente a polícia, sozinha, não poderá vencer a guerra contra o tráfico. E ele cita o exemplo dos americanos, que investem cerca de US$ 10 bilhões anuais para manter o mais organizado aparato policial de repressão do mundo, contam com forte esquema de fiscalização de fronteiras, elevado nível de desenvolvimento humano, e no entanto ainda são os maiores consumidores de drogas ilícitas de todo o planeta.

A ATUAÇÃO DA POLÍCIA

O PROCEDIMENTO ESTABELECIDO NA LEI

O sentimento generalizado, tanto na população, como entre os próprios policiais, é a de que se está "enxugando gelo", como se diz em linguagem popular, pois aumentaram as prisões e apreensões de drogas, mas estas continuam aumentando, ano após ano, e o crescimento do número de dependentes químicos parece estar fora de controle.

Se, de um lado, o usuário (ou dependente) deve ser encarado como uma pessoa que precisa de tratamento, conforme diretrizes estabelecidas na própria legislação que cuida da matéria em âmbito nacional, de outro, a mesma legislação impõe que a polícia adote procedimentos policiais complexos que pouco (ou nada), contribuem para a resolução do problema do uso de entorpecentes.

A Lei Federal nº 11.343/2006 é a mais recente "Lei de Entorpecentes". Ela institui o Sistema Nacional de Políticas Públicas sobre Drogas - SISNAD; prescreve medidas para prevenção do uso indevido, atenção e reinserção social de usuários e dependentes de drogas; estabelece normas para repressão à produção não autorizada e ao tráfico ilícito de drogas; define crimes e dá outras providências.

Segundo a Lei de Entorpecentes, são princípios do SISNAD (art. 4º, da Lei Federal nº 11.343/2006), dentre outros:

> IX - a adoção de abordagem multidisciplinar que reconheça a interdependência e a natureza complementar das atividades de prevenção do uso indevido, atenção e reinserção social de usuários e dependentes de drogas, repressão da produção não autorizada e do tráfico ilícito de drogas;
> X - a observância do equilíbrio entre as atividades de prevenção do uso indevido, atenção e reinserção social de usuários e dependentes de drogas e de repressão à sua produção não autorizada e ao seu tráfico ilícito, visando a garantir a estabilidade e o bem-estar social;

Essa dualidade prevenção ao uso/repressão ao tráfico encontra seu ponto de tangência na atuação policial.

Isso porque o uso/porte de entorpecentes ainda continua sendo tipificado como crime, conforme se verifica no artigo 28 da Lei Federal nº 11.343/2006:

> Art. 28. Quem adquirir, guardar, tiver em depósito, transportar ou trouxer consigo, para consumo pessoal, drogas sem autorização ou em desacordo com determinação legal ou regulamentar será submetido às seguintes penas:
> I - advertência sobre os efeitos das drogas;
> II - prestação de serviços à comunidade;
> III - medida educativa de comparecimento a programa ou curso educativo.

O prazo máximo de duração das medidas é de 5 (cinco) meses, podendo, em caso de reincidência, chegar a 10 (dez) meses. Para garantia do cumprimento das medidas educativas previstas na lei, o juiz poderá, ainda, aplicar ao réu admoestação verbal e multa.

Diante da conduta típica, não pode o policial deixar de atuar, sob pena de cometer o crime de prevaricação. Deve adotar as providências descritas no artigo 48 da Lei de Entorpecentes, cujo § 1º estabelece:

> O agente de qualquer das condutas previstas no art. 28 desta Lei, salvo se houver concurso com os crimes previstos nos arts. 33 a 37 desta Lei, será processado e julgado na forma dos arts. 60 e seguintes da Lei nº 9.099, de 26 de setembro de 1995, que dispõe sobre os Juizados Especiais Criminais.

O delito é considerado de menor potencial ofensivo, e a ele não se imporá prisão em flagrante, devendo o autor do fato ser imediatamente encaminhado ao juízo competente ou, na falta deste, assumir o compromisso de a ele comparecer, lavrando-se termo circunstanciado e providenciando-se as requisições dos exames e perícias necessários.

A APLICAÇÃO PRÁTICA DA LEI

A aplicação da Lei de Entorpecentes na prática do dia-a-dia policial é tarefa bastante complexa e requer de sua parte cautela e atenção, sob pena de destruir evidências, contaminar o conjunto probatório e causar prejuízos à instrução processual.

Há alguns anos, esse tipo de ocorrência (do início do fato até o encerramento do registro policial), dificilmente era inferior a 4 (quatro) horas, chegando em diversos casos a 8 (oito) ou 10 (dez) horas. Alguns avanços legislativos relativamente recentes permitiram que esse tempo fosse sensivelmente reduzido, possibilitando um registro mais célere e, em decorrência disso, a liberação e retorno mais rápido das guarnições policiais para a atividade de patrulhamento, ao invés de ficarem no interior das delegacias por horas a fio aguardando a finalização da ocorrência, em prejuízo da segurança da população.

A Lei federal nº 11.113/2.005 alterou a redação do artigo 304 do Código de Processo Penal, estabelecendo que:

Apresentado o preso à autoridade competente, ouvirá esta o condutor e colherá, desde logo, sua assinatura, entregando a este cópia do termo e recibo de entrega do preso. Em seguida, procederá à oitiva das testemunhas que o acompanharem e ao interrogatório do acusado sobre a imputação que lhe é feita, colhendo, após cada oitiva suas respectivas assinaturas, lavrando, a autoridade, afinal, o auto.

Essa alteração legislativa possibilitou que a guarnição policial seja liberada imediatamente após apresentar a ocorrência e o Delegado colher o depoimento do condutor, não mais necessitando permanecer na delegacia até o final dos registros policiais.

Outra alteração legislativa importante ocorreu no âmbito administrativo, por meio da expedição da Portaria Conjunta Decap/I.C. 01, de 13-3-2012, que instituiu uma importante mudança de paradigma na elaboração de exames periciais de substâncias entorpecentes.

Em razão do acúmulo de exames requisitados na capital, ausência de profissional suficiente para formalização rápida do laudo preliminar, bem como da permissão legal para lavratura do auto de prisão em flagrante apenas com laudo de constatação e quantidade firmado por perito ou pessoa idônea (art. 50, §1º, da Lei 11.343/2006), somada à técnica simples empregada para a confirmação das drogas, foram disponibilizados kits de exames periciais nas diversas delegacias, passando os próprios policiais civis a subscrever laudo provisório de constatação.

Essa nova sistemática, no entanto, aplica-se, unicamente, nos casos de constatação da substância Cannabis Sativa (maconha) e cocaína (com o derivado crack) e não exclui, de forma alguma, a atuação do Instituto de Criminalística - IC, que será requisitado todas as vezes que pairarem quaisquer dúvidas quanto ao material, ou quando se tratarem de outros tipos de drogas.

Assim, o exame definitivo de constatação continuará a ser elaborado sempre e exclusivamente pelo Instituto de Criminalística.

Isso é o que ocorre na cidade de São Paulo e, guardadas as devidas particularidades, ocorre de forma semelhante em praticamente todo o Brasil.

No entanto, mesmo com esses avanços, a desproporção entre a intervenção policial nos casos de porte de entorpecentes e os resultados obtidos desta intervenção é tamanha que, para se ter uma ideia, em caso de flagrante de tráfico de entorpecentes, delito grave e duramente combatido pela lei, o procedimento policial é praticamente o mesmo dos casos de porte, mudando somente o nome do registro policial, de termo circunstanciado para auto de prisão em flagrante delito, cujos rigores, por questões processuais de ampla defesa e contraditório, são os mesmos.

PREVENÇÃO, REPRESSÃO E NECESSIDADE DE MUDANÇAS

Medidas preventivas podem se mostrar bastante eficientes, já que todo esforço do Estado deve ser no sentido de proteger as pessoas dos malefícios das drogas. É claro que a repressão ao tráfico e ao uso devem continuar, na medida em que ambos são atividades ilícitas, e é nessa atividade que se inserem as forças policiais de modo geral.

No entanto, é preciso enfatizar que é discriminatória a ideia de que a violência, de forma geral, e os crimes associados às drogas, em especial, estão associados à pobreza, à falta de oportunidades e à vitimização do próprio criminoso. Já foi comprovado que, não só no que se refere às drogas, mas com relação a qualquer atividade ilícita, não basta que se introduzam programas sociais em uma determinada comunidade para sua resolução.

O Brasil e, em especial, a cidade de São Paulo, são a prova viva desse fato. Como afirma José Vicente da Silva Filho[6], em artigo sobre a questão da violência nas cidades:

O governo federal já gasta perto de um bilhão de reais ao ano com cerca de 20 programas sociais de 18 ministérios voltados aos jovens sem que se saiba de resultados positivos; ou melhor, sabemos que os jovens continuam sendo recrutados para o crime, uma vez que a educação que poderia ser um instrumento de redenção acolhe estreita proporção de jovens com mais de 15 anos, metade do conseguido na Argentina e Chile e cerca de 20% a menos que o Paraguai e a Bolívia.

Hoje, as crianças vão às escolas públicas e recebem transporte escolar, uniforme completo, merenda, material didático, leite em casa e são incluídas em inúmeros programas sociais, o que não ocorria há alguns anos, e isso não assegurou que estas crianças e adolescentes se afastassem do uso ou tráfico de entorpecentes, conforme os números apresentados no início deste trabalho evidenciam.

Então, qual seria o fator que estimula os jovens a se lançarem no mundo das drogas e do crime?

Em primeiro lugar, é preciso reconhecer que a droga, por si só, é capaz de dar ao usuário sensação de prazer de forma rápida e eficiente, tão logo a consuma. E esse apelo é muito forte.

O Dr. Drauzio Varella[7] ilustra esse panorama com o seguinte comentário:

Quando o adolescente leva um cigarro de maconha ou o cachimbo de crack à boca, está criando um atalho para enganar seu cérebro através de um mecanismo evolucionista arcaico que disparado algumas vezes escapará do controle voluntário, provocando dependência química, doença crônica, recidivante, difícil de tratar.

Além da fatídica constatação de que a droga efetivamente dá a sensação de prazer a quem a consome, independente de seus malefícios, o que somente pode ser combatido por meio de muita educação e esclarecimento sobre as suas consequências, outros fatores impulsionam os jovens nesse caminho.

Basicamente, podemos dizer que são dois, que convergem para um mesmo sentimento: (a) baixo risco de ser responsabilizado e, (b) se responsabilizado, grande possibilidade de contar com algum permissivo legal que diminua as consequências de seu ato. Ambos os fatores se convertem no sentimento generalizado de impunidade que permeia a sociedade brasileira.

Inúmeros exemplos de impunidade podem ser elencados, em todos os poderes e em todas as esferas. Recentemente, esse sentimento de impunidade, que causa grande indignação, voltou ao debate na mídia por conta de uma súmula do Superior Tribunal de Justiça - STJ, uma das mais altas Cortes do país, que recebeu duras críticas da opinião pública.

A Súmula nº 492, do STJ, consolida o seguinte entendimento jurisprudencial:

O ato infracional análogo ao tráfico de drogas, por si só, não conduz obrigatoriamente à imposição de medida socioeducativa de internação do adolescente.

A medida serve de orientação para os juízes das instâncias inferiores e deve diminuir o número de internações de adolescentes que forem apreendidos em situação de tráfico.

O entendimento do STJ[8] é de que "o ato infracional análogo ao crime de tráfico ilícito de entorpecentes, a despeito da sua natureza hedionda, não dá ensejo, por si só, à aplicação da medida socioeducativa de internação, já que a conduta não pressupõe violência ou grave ameaça a pessoa".

Essa é uma leitura puramente literal do que dispõe o Estatuto da Criança e do Adolescente – ECA, norma que foi editada para estabelecer a internação como medida socioeducativa mais rigorosa e excepcional, somente cabível nos casos de atos infracionais cometidos mediante violência ou grave ameaça. Como se vê, o legislador esqueceu que os atos infracionais análogos ao tráfico de entorpecentes são delitos gravíssimos e hediondos, devendo ser rigorosamente punidos. Entretanto, até mesmo a expressão "punição" sequer é utilizada na referida legislação, caracterizando-se como verdadeira blasfêmia para aqueles que defendem o ECA como a norma mais avançada de nosso arcabouço jurídico, o que não se nega, mas é preciso que se reconheça que precisa evoluir no sentido de permitir a efetiva responsabilização de menores por seus atos.

Essa situação se tornou crônica no Brasil. Se adultos são estimulados a se envolver com as drogas e o crime em geral em razão desse sentimento de impunidade, que dizer dos menores de idade, cada vez mais atuantes no tráfico e, normalmente, aliciados pela facilidade de acesso às drogas e dependência química?

Chegou-se a tal ponto com o sentimento de impunidade no que se refere às drogas, que o cidadão que vai à praia, ao parque ou qualquer praça pública com sua família se vê obrigado a conviver com o cheiro de entorpecente e com usuários consumindo drogas abertamente, obrigando a grande maioria de pessoas, que não faz uso de drogas, a aceitar aquela situação.

É de se notar que a intolerância em relação ao tabagismo, nos dias de hoje, é muito maior do que em relação às drogas ilícitas. Tanto é assim que no Estado de São Paulo, e em outros estados e municípios, foram editadas leis antifumo cada vez mais rigorosas. Na verdade, parece que há uma tendência de que combater o tabagismo e defender a descriminalização de algumas drogas ilícitas (especialmente a maconha) é politicamente correto.

Existe solução para o problema das drogas, mas é necessário um conjunto de ações em todas esferas de poder, tomando-se como ponto de partida, no dizer do Cel José Vicente[9], o fim da impunidade.

Adiante são apresentadas algumas propostas que podem servir de base para um novo rumo no combate às drogas, as quais envolvem todas as esferas de poder (federal, estadual e municipal), bem como todos os Poderes da República (Executivo, Legislativo e Judiciário):

- adoção de medidas para tornar mais ágeis, rápidas e eficazes as intervenções policiais, de forma a evitar que um elevado número de policiais se perca em inúmeras horas de registros burocráticos de pouco ou nenhum resultado prático na prevenção ou repressão ao uso e tráfico de drogas. No caso de uso/porte de entorpecentes, isso será possível por meio da simplificação dos registros e expedição de laudos in loco;
- reforço nos efetivos de policiais federais e outros agentes federais (da Receita Federal, por exemplo) atuando no controle de entradas do país (portos, aeroportos, rodovias e hidrovias), de forma

que se dificulte a entrada de drogas e, por via indireta, outros produtos ilícitos no país. A repressão ao tráfico não pode ser o único caminho, mas ela é indispensável e passa, obrigatoriamente pelo aparelhamento das polícias e dos órgãos de fiscalização;
- melhoria nos sistemas de vigilância das fronteiras do país, especialmente nas divisas com países tradicionalmente conhecidos como produtores de drogas, como a Colômbia e a Bolívia;
- investimentos maciços em educação (especialmente no ensino fundamental, médio e profissionalizante). Necessário incluir nos currículos escolares, de modo bastante intenso, o conhecimento sobre drogas e seus malefícios, de forma a possibilitar que os jovens, conhecendo profundamente o tema, diminuam seu interesse por drogas e, assim quebrar uma lógica de mercado de oferta e procura, tornando o tráfico um negócio menos lucrativo. Pela norma constitucional vigente, a população de 7 a 14 anos tem que estar necessariamente matriculada no ensino fundamental. Hoje, o Brasil não consegue cumprir essa norma, pois há 1,4 milhões de crianças dos 7 aos 14 anos de idade que não estão matriculadas no sistema de ensino, segundo estudo feito pelo Fundo das Nações Unidas para a Infância (Unicef) e pela Campanha Nacional pelo Direito à Educação[10]. Mas, a partir de 2016, em razão de alteração na Constituição Federal, o ensino obrigatório irá cobrir desde a pré-escola até o ensino médio (dos 4 aos 17 anos). Considerando-se esse novo critério, o número de crianças fora da escola salta para 3,7 milhões;
- desenvolvimento de campanhas publicitárias para divulgação dos efeitos negativos dos diversos tipos de drogas, nos moldes das campanhas para redução de acidentes de trânsito implantadas há anos em Victoria, segundo estado mais populoso da Austrália, a chamada TAC campaign, ou campanha do TAC (Transport Accident Comission), que é o nome da Comissão de Acidentes de Trânsito (em uma tradução adaptada) [11]. Ao longo de 20 anos de maciça campanha, 40 peças publicitárias foram veiculadas, adotando como estratégia para sensibilizar as pessoas, o uso de imagens chocantes e realistas de acidentes de trânsito causados pela ingestão de bebidas alcoólicas e outras drogas, obtendo-se uma redução de 60% nos índices desde o início da campanha[12];
- aumento nos investimentos em programas de prevenção ao uso de drogas, como por exemplo o Programa Educacional de

Resistência às Drogas e à Violência – PROERD, que a Polícia Militar do Estado de São Paulo e outras Polícias do Brasil aplicam com sucesso;
- investimento na efetiva implantação de um sistema sólido de recuperação de usuários de drogas, especialmente quando se trata de menores de idade e jovens adultos, os mais suscetíveis à tentação das drogas e com maiores possibilidades de serem resgatados;
- envolvimento dos governos municipais no enfrentamento da questão das drogas e articulação com as polícias estaduais nas estratégias de combate e prevenção. Neste ponto, vale dizer que o envolvimento vai desde o planejamento de ações, até o compartilhamento de recursos (viaturas, ambulâncias, prédios, comunicação, pessoal, etc.);
- revitalização, manutenção e proteção de áreas degradadas. A redução dos índices de violência em Nova Iorque, case de sucesso mundial, está diretamente relacionada ao cuidado com as áreas degradadas da cidade. E isso começa com o cuidado dos prédios, praças, ruas, limpeza urbana, etc. Quanto mais a cidade estiver organizada e limpa, maior a sensação de ordem, controle e segurança (teoria das janelas quebradas);
- incremento nas medidas de fiscalização afetas ao poder público municipal, tais como licença de estabelecimentos comerciais irregulares, desimpedimento de áreas de livre circulação de pessoas; limpeza urbana, bailes e festas ao ar livre (os chamados pancadões), atuando em conjunto com as polícias civil e militar. A chamada tolerância zero atua na repressão de infrações menores, muitas vezes até administrativas, a fim de que o sentimento da impunidade se acabe;
- - realização de mutirões para registro de ocorrências de porte de entorpecentes e encaminhamentos sociais aos dependentes químicos, já na própria delegacia. Defendemos que sejam estabelecidos, em conjunto com o Poder Judiciário e o Ministério Público, requisitos, limites forma de atuação, bem como a definição de estabelecimentos capacitados para, nos casos mais graves de dependência química, aplicar medida de internação compulsória para tratamento. Se a aplicação de medidas restritivas de liberdade fere a dignidade da pessoa humana, como alegam os contrários a esta medida radical, muito mais aviltada fica essa mesma dignidade diante do quadro de degradação humana dos

dependentes que perambulam pelas "cracolândias", e não possuem o discernimento sequer para entenderem que precisam de ajuda e de um tratamento longo e penoso;
- • - implantação de serviços de assistente social e psicólogos nos Distritos Policiais para atendimento e encaminhamento de dependentes químicos, mediante parcerias entre governo federal, estados e municípios;
- • - alteração do Estatuto da Criança e do Adolescente para que seja admitida a internação nos casos de atos infracionais análogos ao tráfico, ainda que não tenham sido cometidos mediante violência ou grave ameaça, bem como aumentar o limite máximo de internação para, pelo menos, 5 (cinco) anos.

CONCLUSÃO

Não há solução simples para problemas complexos.

Não se pretende reinventar a roda, mas o objetivo deste estudo é colaborar para a formação de uma nova visão de combate às drogas, criativa e sem preconceitos, que sirva de fomento para o surgimento de outras novas ideias para o enfrentamento desta delicada questão.

Certo é que os números atuais ensejam preocupação, apesar de ser compreensível que eles fazem parte de uma conjuntura de evolução de nossa sociedade. Portanto, é preciso envolvimento de toda sociedade e do poder público para que a situação não fuja do controle, e para que as crianças de hoje possam ter um futuro mais seguro e livre dos malefícios das drogas.

O combate militarizado ao tráfico, de forma isolada, certamente será medida ineficiente na luta contra as drogas. Seu efeito, ao contrário, somente aumentará o custo da operação do tráfico, o que aumentará ainda mais sua lucratividade e fomentará a corrupção.

A educação é o instrumento capaz de transformar a sociedade. Por meio da educação poderemos reduzir a quantidade de usuários e atacar o tráfico na sua lógica de mercado, reduzindo procura, ao invés de tentar somente acabar com a oferta.

Necessário combinar estes esforços, cujos resultados são de médio e longo prazo, com medidas de recuperação dos atuais dependentes químicos.

Por fim, indispensável que a polícia continue a desempenhar suas atribuições legais, proporcionando segurança ao cidadão e cumprindo a lei. Na continuação desse processo, é necessário que a punição aos traficantes seja efetiva e rigorosa, inclusive para traficantes menores de idade, buscando acabar com o sentimento de impunidade hoje reinante, mola propulsora do crime em qualquer lugar do mundo.

REFERÊNCIAS

AVELINO, Victor Pereira. A evolução do consumo de drogas. Aspectos históricos, axiológicos e legislativos. Jus Navigandi, Teresina, ano 15, n. 2439, 6 mar. 2010 . Disponível em: <http://jus.com.br/revista/texto/14469>. Acesso em: 11 set. 2012.

Comissão Nacional do Controle de Drogas da China dirige combate à droga - http://portuguese.cri.cn/199/2006/07/13/1@47076.htm.

DAFFARA, Miguel Elias. Nova Lei de Drogas e atuação do Policial Militar no policiamento preventivo. Disponível em: www.jusmilitaris.com.br.

FABIO SERGIO DO AMARAL, VALMOR RACORTI
(*Velho General*, nov. 2012)

SEGURANÇA PÚBLICA E DIREITO À SAÚDE MENTAL

A Pandemia que assola o planeta e atinge, dolorosamente, o Brasil implica num estrese caracterizado por inúmeros elementos de nervosidade individual e coletiva. Crise econômica, medidas de recolhimento nos lares, suspensão das atividades escolares, enfim a rotina da cidadania como pano de fundo de empobrecimento da população, tudo isso e a insegurança gerada pela agressividade da Covid-19, as dificuldades cientificas e polemicas no entorno político.

Eis uma realidade que invoca, de imediato, comportamentos alterados, no limiar da criminalidade.

O aumento da violência contra as mulheres, crianças e idosas, as ocorrências de corrupção, o próprio esgarçamento do tecido civilizatório pelo radicalismo nas redes sociais e até o noticiário assustador do avanço da doença com o fantasmático da morte no horizonte levantam a demanda pelo direito constitucional da pessoa à segurança física, psicológica e patrimonial conforme reza nossa Carta Magna, no seu artigo 144: "A segurança pública, dever do Estado, direito e responsabilidade de todos, é exercida para a preservação da ordem pública e da incolumidade das pessoas e do patrimônio..."

Existe em toda especulativa sobre a mentalidade uma observação que constatamos drasticamente: a mutação das formas e do conteúdo do crime. Exemplos óbvios permitem ilustrar esses movimentos. O viciado não procura a droga na boca de fumo, mas incentiva a aquisição pela "droga delivery". O cachaceiro não briga no bar da esquina, mas espanca o vizinho com quem tem de conviver no elevador e no prédio por meses à fio, sem afastamento natural imposto pela ausência do trabalho e das atividades sociais.

Paradoxalmente, o distanciamento imposto pelo risco da contaminação acaba promovendo formas bizarras de enfrentamento nos condomínios, nas periferias, onde a pobreza ajunta as famílias em espaços minúsculos.

E, é claro, a sofisticação do crime organizado, por meio do tráfico de drogas e de outros processos de desqualificação da lei, anima-se na invenção de recursos que não respeitam as fronteiras geográficas, no atemporal e inespacial.

Neste quadro, cabe à polícia e à Justiça um papel renovado, técnico e culturalmente, para garantir à criança, à mulher, ao idoso, enfim a todos os cidadãos a tranquilidade como geradora de saúde mental, que pode e deve significar o desenvolvimento e o progresso do Brasil, diante dessa formidável angustia.

Urge reunir, nesta contingência, os órgãos públicos, municipais, estaduais, federais, a universidade, a mídia, enfim a inteligência pátria para a execução de uma autentica reconfiguração de nossos sistemas de combate ao crime, segurança da população e, finalmente, mas não por menos, a saúde mental do povo sacrificado pelo medo e pela morte.

**MARIA PAULA (EMBAIXADORA DA PAZ E PSICÓLOGA),
FLAVIO GOLDBERG, VALMOR RACORTI**
(*Correio Braziliense*– 09 mai. 2021)

O HAITI E A VIOLÊNCIA ENQUANTO METÁSTASE

Os fatos são públicos através da cobertura mediática universal. Uma das regiões mais miseráveis do mundo ocupa as atenções da opinião política de todo o mundo disputando e correndo, paralelamente, com a pandemia do Covid19.

Cabe a licença poética de Susan Contag, "a doença como metáfora".

Se em, praticamente, todos os países , a disseminação e o contágio da doença impuseram algumas leis na contramão do progresso e do desenvolvimento civilizatório como o distanciamento social e o uso de máscaras, até a paralisação de todas as atividades sociais e econômicas, chegando ao lockdown, no pequeno e paupérrimo território haitiano, gangues, milícias, bandos, quadrilhas, enraizados numa longa e mutilante história toma as ruas e, com a participação suspeita de elementos estrangeiros assalta os tímidos processos de ordenação constitucional do Estado.

As formas escandalosas de assassinato do presidente e a primeira-dama baleada tem um significado que transcende o episódico e pontual.

O que se pretende é uma espécie de instauração de uma legitimidade ilegítima de conflito, como já vimos, alguns ensaios em países da África, no dilaceramento da Iugoslávia, no Oriente Médio.

O crime, assim como Instituição rompe, internamente todo esforço moral de convivência e externamente, através de corrupção e do sequestro e assassinato faz imperar um sistema paranoico de Terror.

A narrativa caótica corresponde ao caos implantado como desordem na escravidão.

Porque é disto que se trata e a partir desta visão podemos nos preocupar com certos espaços urbanos e suburbanos de nosso Brasil em que os bandidos pretendem impor sua onipotência asseverando a concepção de Hanna Arendt da "banalização do Mal".

Pois é disto que se trata nas cenas surreais que retratam o Haiti, com suas disputas pelas farias de poder que enriquecem o crime organizado nativo e, cada vez mais se constata, redes internacionais que usam instrumentos brutais de terror para submeter, subjugar a população ao nível da desumanidade.

Por tudo isto e a nossa problemática quanto à segurança da cidadania, urge atenção no que ocorre no infeliz Haiti, aonde já se faz presente, o Brasil numa atuação com a O.N.U. Que, infelizmente, como se constata não consegue deter a cancerização do tecido social.

A ciência criminal na sua didática realista nos ensina que é preciso estar adiante do fenômeno da violência e não correndo atrás para saneá-lo.

Neste quadro a terrível lição do Haiti serve como demanda de socorro e alerta.

FLAVIO GOLDBERG, VALMOR RACORTI

CRIME E SEGURANÇA NA CAPILARIDADE MUNDIAL

A organização de quadrilhas com o objetivo em práticas criminosas se baseia em alguns fundamentos consensuais: interesses comuns, facilidade da execução, estratégias afinadas por práticas facilitadoras.

Historicamente, criminosos sempre exercitaram mecanismos de fugas pessoais, evasão de valores, imigração e transferência de populações como ferramentas de enfrentamento contra as organizações de Estado.

Aqui no Brasil tais movimentos têm sido constantes, principalmente, nas últimas décadas, o que tem sido favorecido, ainda mais pela Internet, as redes sociais, enfim, o chamado mundo virtual.

Chama a atenção, como exemplo, o tráfico de drogas e a exploração sexual, principalmente, de mulheres, crianças, adolescentes, ou seja os mais vulneráveis, muito numerosos nas camadas mais pobres das populações.

É o chamado *mercado da carne humana* ou adocicando a linguagem a "economia do prazer" que junta milhares de bandidos, desde empresários e políticos da mais alta cúpula de governos até o assaltante de banco ou o sequestrador, permeabilizando de maneira cinematográfica agentes políticos e ideológicos, como vimos, recentemente, com o assassinato do presidente do Haiti.

O fato é que a imaginação criativa do crime não encontra limites geográficos ou de qualquer natureza pra consumar seus intentos. Escondidos atrás de organizações religiosas, correntes filosóficas, agencias do mercado, o negócio das artes plásticas, moda, intervenção nas oscilações de bolsa de valores, políticas de financiamento, entretenimento, enfim nada escapa aos processos e maquinações dos industriais do Terror que exerce efeito corrosivo sobre os sistemas civilizatórios e democráticos, conquistas sociais, duramente, alcançadas.

Para enfrentar as manipulações que rodeiam estas ameaças é preciso decodificar teses encomendadas que tentam justificar o crime, explicar a transgressão, num viés, aparentemente, cientifico.

Para isto só existe um recurso básico, a inteligência equipada, tecnologicamente, com cooperação internacional de prevenção informativa e punição rigorosa, demandando adequação do Poder Judiciário, a todas estas realidades.

Obviamente, como comprovado pela pandemia, em que bilhões de dólares, milhares de transações, todas com viés internacional, provam a urgência desta ponderação.

No universo em que as dimensões, o presencial e o virtual cada vez mais escondem e mascaram a pretencionalidade dos comportamentos, urge programar códigos competentes para decifrar o "modus operandi" do Crime enquanto instância que se apresenta saga heroica do oprimido contra o opressor e que faz do carrasco vítima, da vítima culpada.

Um quadro que se acusa de teoria conspiratória é a rede de pedofilia que expõe a inocência dilacerada como objeto de sedução e, por isto, responsável pelo crime infame ou o traficante que "alivia" o usuário da privação da droga.

Em qualquer idioma ou circunstancia cabe aplicar o senso da simultaneidade e instantaneidade desempatando pela sanidade o poder mórbido que intoxica a cidadania, pela corrupção, o populismo, a exploração da fé pela vulnerabilidade e carência humana neste momento dramático em que a própria vida é desafiada.

FLAVIO GOLDBERG, VALMOR RACORTI

editoraletramento
editoraletramento
grupoletramento

editoraletramento.com.br
company/grupoeditorialletramento
contato@editoraletramento.com.br

casadodireito.com
casadodireitoed
casadodireito

Grupo
Editorial
LETRAMENTO